Färben
mit Pflanzen

Textilien selbst gefärbt.
Historisches und Rezepte für heute,
zusammengestellt und illustriert
von RENATE JÖRKE

VERLAG FREIES GEISTESLEBEN STUTTGART

CIP-Kurztitelaufnahme der Deutschen Bibliothek

Jörke Renate:
Färben mit Pflanzen: Textilien selbst gefärbt;
Histor. u. Rezepte für heute / zsgest. u. ill.
von Renate Jörke. – 6. Aufl. – Stuttgart:
Verlag Freies Geistesleben, 1987.
(Arbeitsmaterial aus den Waldorfkindergärten; H. 3)

ISBN 3-7725-0373-X
NE: GT

6. Auflage 1987
© 1974 Verlag Freies Geistesleben GmbH Stuttgart
Druck: Greiser, Rastatt

Inhalt

Vorwort

Viele Jahre sind es her, als vor meinen Augen die ersten rotholzroten und blauholzblauen Farbproben lagen, in kleinen Töpfchen gefärbt, ungeduldig gespült und trockengebügelt. Ich fühlte mich von der Schönheit begeistert. Aber nichts konnte die Freude übertreffen zu erleben, wie ein Stoff, Materie, zu dem Sinn des Auges spricht und ein wenig von seinen Geheimnissen erlebbar wird. Für mich wurde das zunächst ein Weg, die Sinne zu schulen für die Qualitäten der Stoffe.

Wenn nur nicht die Färbetechnik gewesen wäre! Wie es immer so geht: nach den ersten vielversprechenden Erfolgen (die einen bei der Sache halten) kamen die Mißerfolge (die zur Weiterarbeit anstacheln und Erfahrungen bringen). Die vorhandenen Rezepte sind Traditionen, die zunächst wenig zum Verständnis der Vorgänge beim Färben beitragen. Es wird ja nie erwähnt, warum etwas gemacht wird oder — noch wichtiger — warum etwas nicht geht. Also, so einfach und überschaubar wie möglich anfangen. Spezielle Techniken und Verbesserungen möge jeder selber der Sache ablauschen. Allmählich wurde mir auch bewußt, in welchen großen geschichtlichen Zusammenhängen die Färberei und ihre Materialien stehen, daß gerade sie mit den aktuellen Fragen unserer Naturwissenschaft und Technik zusammenhängen.

So sei diese Arbeit allen zugedacht, die Freude an der Färberei mit Pflanzen haben; die dieses Gebiet Kindern und Jugendlichen zugänglich machen wollen; die sich mit Textilgestaltung befassen; denen hygienische, therapeutische und künstlerische Gesichtspunkte am Herzen liegen. Mögen sie weiterführen, was hier anfänglich versucht worden ist!

Den Sinnen hast du dann zu trauen,
kein Falsches lassen sie dich schauen,
wenn der Verstand dich wach erhält.
Mit frischem Blick bemerke freudig
und wandle sicher wie geschmeidig,
durch Auen reichbegabter Welt.

> Goethe, ''Vermächtnis''

Allgemeines zur Färberei

Das Osebergschiff

Zur Geschichte der Färberei

Für uns ist es eine Selbstverständlichkeit, überall farbige Textilien in den Modefarben einkaufen zu können. Wir wissen, daß sie in großen Fabriken gefärbt werden und daß die Farbstoffe zu jenen komplizierten chemischen Verbindungen gehören, zu deren Verständnis man sich nicht so leicht hinaufarbeitet. So ist uns die Tätigkeit des Färbens ferngerückt, eine Tätigkeit, welche die Menschen durch Jahrtausende geübt haben mit Materialien ihrer Umgebung — und ohne Kenntnisse der Chemie in unserem Sinne.

Einen Eindruck von solchen alten Methoden kann uns die Schilderung einer Großmutter, die sich zu helfen wußte, geben:

"Ich erinnere mich noch, wie die alte Großmutter unseres Nachbarn das selbstgewebte, ungebleichte Leinen in einer Lehmgrube mit dem fetten Lehm einrieb, es dann mit Wasser übergoß und in der 'Färberbrühe' liegenließ. Nach einer Woche hatte es durch aufgezogene Eisenoxyde einen angenehmen bräunlichen Naturton, der solange erhalten blieb, bis die daraus gefertigte Leinenschürze zerrissen war."[1]

Von Mittel- und Nordeuropa ist wenig bekannt, wie in alten Zeiten gefärbt wurde. Einige Reste von gefärbten Textilien stammen aus der jüngeren Steinzeit. In germanischen Siedlungen fand man Samen und Reste von Pflanzen, die zum Färben gedient haben könnten.

1904 wurde in Oseberg am Oslofjord ein großer Grabhügel geöffnet. Es war das Schiffsgrab einer Königin Asa, Gemahlin eines Königs Gudröd, etwa aus dem Jahre 800 nach Christus. Neben reichen Grabgaben enthielt es auch Spinn- und Webgeräte, Kessel und Reste von Färberwaid zum Blaufärben und Krappwurzel zum Rotfärben, sowie Teile eines Bildteppichs. Diese Grabgaben deuten auf die zum

1 E. Ploss, "Ein Buch von alten Farben", Heinz Moos Verlag, München 1967. Noch heute wird die echte indische Khaki-Färbung mit Eisenoxyd gemacht.

8

täglichen Leben der Fürstin gehörenden Handarbeiten, wie Wolle bearbeiten, färben, spinnen, weben und Bildteppiche wirken. Einige solcher Teppiche sind noch in Skandinavien erhalten.

In der nordischen Hauswirtschaft haben sich diese Arbeiten bis in unser Jahrhundert erhalten. Die Rezepte der schwedischen Wollfärberei mit einheimischen Pflanzen stammen aus dieser Tradition.

Im Orient gab es eine hochentwickelte Färberkultur. Die berühmteste Farbe der Antike ist wohl der Purpur aus der Purpurschnecke Murex brandaris und verschiedener anderer Arten.

Man vermutet, daß seit dem 15. Jahrhundert vor Christus der Purpur von den Phöniziern benutzt wurde (griechisch Phoinikes = Leute aus dem Purpurland oder die Roten). In Tyros, Sidon und Tunis waren die berühmtesten Färbereien. Und noch heute sind am Strand des Südhafens von Sidon (jetzt Saida/Libanon) die meterhohen Schalenreste zu sehen. Nach dem Untergang des Römischen Reiches hielt sich die Purpurherstellung noch in Konstantinopel bis zur Türkenherrschaft und geriet dann in Vergessenheit. Im 19. Jahrhundert veröffentlichte Lacaze-Duthier ''Mémoire sur la Pourpre'' mit den Herstellungsmöglichkeiten. 1908 gewann der Chemiker Friedländer aus 12000 Purpurschnecken 1,4 g Farbstoff und ermittelte den chemischen Aufbau. Wir wissen nunmehr, daß es sich um 6,6 -Dibromindigo handelt.

Man fragt sich erstaunt, wie die Menschen der Antike eine so komplizierte Farbherstellung entwickeln konnten. Denn die Purpurschnecke hat in einer Drüse nur ein winziges Tröpfchen einer gelben Flüssigkeit — von Purpur ist noch nichts zu sehen. Diese Drüsen mußten herausgeschnitten werden, die Flüssigkeit mit Salz ausgezogen und 10 Tage in Bleikes-

Purpur-schnecke

seln gekocht werden. Mit verschiedenen Zusätzen konnte schließlich gefärbt werden, und dann erst bildete sich am Licht langsam der Purpur, von Gelb über Blau, Rot bis Violett. Diese Farbe verblaßte nicht, im Gegenteil, sie wurde am Licht immer tiefer und schöner. Sie wurde hochgeschätzt, zeitweise durfte nur der römische Cäsar Purpurgewänder tragen, Senatoren höchstens einen Purpurstreifen an der Toga. Allerdings war sie auch eine der teuersten Farben: Um 1 g Purpur zu gewinnen, brauchte man 8000 Schnecken. Im späten Rom kostete 1 kg Purpurwolle 6000 - 7000 Mark.

Vieles von diesen hochstehenden Färbertechniken — hier am Beispiel einer Tierfarbe geschildert — wurde später von den Arabern übernommen. In den großen Lehrschriften der arabischen Ärzte tauchten die orientalischen Färberpflanzen sogar als Heilpflanzen auf. Und sie gehören zum Teil bis heute dazu.

Durch die Kreuzzüge entstanden neue Berührungen Europas mit dem Orient. Der Levante-Handel blühte

ANTIKE FÄRBEREI

Nach einem Wandbild
in Pompeji

unter der Führung Venedigs auf, und es wurden immer mehr Färberpflanzen eingeführt: Safran, Sandelholz, Saflor, Rotholz, Indigo, und mit ihnen die Färbertechniken. Welsche Färber brachten diese Kenntnisse über die Alpen, und mit dem Aufblühen der Zünfte konnte sich der ganze Farbenreichtum mittelalterlicher Textilien entfalten.

Allmählich aber ging die Färberei vom zunftgebundenen Handwerk über auf die Manufakturen. Man stellte in größerem Maßstab her, die Technik wurde vereinfacht, zum Teil von den wachsenden Kenntnissen in der Chemie beeinflußt, und Maschinen ersetzten immer mehr die menschliche Arbeitskraft.

Als 1856 die erste synthetische Farbe aus dem Gasteer gemacht wurde (Mauvëin durch Perkins) und in den Handel kam, begann eine Entwicklung, die innerhalb eines Jahrhunderts die Pflanzenfärberei vollkommen verdrängt hat. Die Farbenherstellung ist auf die großen Chemiewerke übergegangen, die Färberei auf Fabriken, wo in modernsten Verfahren auf riesigen Walzen- oder Rouleaux-Druckmaschinen z.B. in einer Stunde 2000 - 5000 m Stoff in 16 Farben bedruckt werden können.

Die Färberei mit Naturmaterial ist ein Studium geworden für Völkerkundler. Aber auch die Orientteppiche werden längst mit synthetischen Farben gefärbt, die Batikkunst Indonesiens wird nicht mehr mit Pflanzenfarben gemacht. Die Arbeitstechniken unseres Färber-Handwerks sind weitgehend verloren gegangen. Bestanden sie doch in "unrationellen" Arbeitsgängen und Handhabungen, die der Meister an den Gesellen weitergab. Die uns überlieferten neueren Aufzeichnungen stammen von interessierten Chemikern, denen die Färbermeister anscheinend recht wortkarg Auskunft gaben.

Handwerkliche Tätigkeit und Entwicklung von Fähigkeiten

Bei diesem kurzen Überblick über die Geschichte der Färberei zeigt sich eine interessante Entwicklung, die wir auf allen Gebieten wiederfinden.

Da sind einmal die Bemühungen der Menschen, ihre selbstgefertigten Stoffe mit Pflanzenfarben ihrer Umgebung zu verschönern. Dabei wird es mit primitiven Mitteln zu einer beachtlichen Kunst gebracht. Daneben eine Färberei — besonders im Orient, Indien und China ausgebildet —, die komplizierteste chemische Vorgänge handhabt. Beim Indigo, dem Färberwaid, dem antiken Purpur entstehen Farben überhaupt erst durch menschliche Kunst. In den sozialen Formen des Familienbetriebes, des Zunftwesens wird durch das Mittelalter das Färberhandwerk geübt. Erst mit Beginn der Neuzeit verliert die Arbeit in den altehrwürdigen Traditionen — von den Zünften streng kontrolliert — an Tragekraft. In Manufakturen färbt man nicht mehr so gut wie möglich, sondern größere Mengen nach vereinfachten Verfahren. Die immer stärker sich ausbildende Wissenschaft der Chemie und die Maschinen werden zu Hilfe genommen. Bei den Bemühungen der Chemiker, alten Vorstellungen zum Trotz Stoffe aus dem Pflanzen- und Tierreich, der belebten Natur also, mit den reinen Gesetzen der Chemie nachzubauen, werden die ersten synthetischen Farbstoffe gefunden — ein Triumph der fortschreitenden Wissenschaft. In schneller Folge gelingt es, die eigentlichen Farbstoffe im Krapp (Alizerin) und Indigo zu analysieren, ihren Aufbau zu erklären und sie dann künstlich herzustellen. Als man im Gasteer ein leider allzu häufig bei der Gasgewinnung und Verko-

Färberei im
18. Jahrhundert

Jigger - Stückfärbemaschine
Gewebe läuft unten durch
ein Färbebad.

kung vorkommendes, billiges Ausgangsmaterial fand, stand der fabrikmäßigen Großherstellung nichts mehr im Wege. Es entwickelt sich die Farbenindustrie, die zu großen Chemie-Konzernen anwächst.

1863 begannen der Farbenkaufmann Friedrich Bayer und der Färbermeister Johann Friedrich Weskott mit zwölf Arbeitern, einem Lehrling und einem Kommis die Produktion von Anilinfarben. 1963 zählten die Farbenfabriken Bayer AG mit den inländischen Tochtergesellschaften 61 500 Mitarbeiter. 11 000 Mitarbeiter bei 439 Verkaufsvertretungen in 152 Ländern und 5 500 Mitarbeiter bei 29 ausländischen Tochtergesellschaften und Beteiligungen kamen hinzu. Das Verkaufsprogramm umfaßte etwa 6 200 Produkte: Farben und Färbereihilfsmittel, Chemikalien, Kunststoffe und -Fasern, Pharmazeutika und Pflanzenschutzmittel.

Wie die Farbchemie entscheidend zur Entwicklung der modernen Chemie beigetragen hat, so die Farbstoffproduktion mit der Lösung vieler technischer Herstellungsprobleme zur Entfaltung der modernen chemischen Industrie überhaupt. Chemische Prozesse, die der Mensch durch Jahrtausende zum Beispiel in der Färberei mit der Hand durchgeführt und geübt hat, konnten schließlich vom Verstand ergriffen, abstrahiert und zur Wissenschaft gemacht werden. Gleichzeitig erlischt die alte handwerkliche Tätigkeit, als hätte sie ihren Sinn erfüllt. Warum übt man solche Tätigkeiten heute? Jetzt wachsen Kinder auf in dieser Zivilisation, die das Ende ist einer langen Entwicklung und Schulung der Menschheit durch hand-werkliche Arbeit. Im Grunde müßte jedes Kind diesen menschheitlichen Schulungsweg vom Tun zum Begreifen noch einmal exemplarisch gehen können, damit es sich mit seinen Kräften des Wollens, Fühlens und Denkens in seine Zeit stellen kann, sie wirklich begreifen und auch die Aufgaben ergreifen und bewältigen kann.

Es ist aber gut zu bedenken, daß früher im Handwerk Arbeitstechnik und Kunst zusammengehörten. In vielen Sagen und Legenden wurden die Ursprünge der Handwerke an Göttergeschehen, an die geistige Welt angeschlossen. Und die Pflege alter Weisheitstraditionen in den Handwerkergemeinschaften hat sicher noch lange dazu beigetragen, das rein Handwerkliche immer wieder zu befeuern und zur Kunst zu erheben. Man denke an die alten Bauhütten.

Von den großen Renaissancemalern wissen wir, daß sie noch als Lehrlinge in der Malerzunft mit dem Farbenreiben begannen. Auf diese Weise schuf sich jede Werkstatt ihr typisches Malmaterial selbst. Jeder Lehrling verband sich intensiv mit den Qualitäten der Farben und ging durch die Ausbildung handwerklicher Fähigkeiten — die ja gleichzeitig eine Schulung des Geistes war. Das war eine Grundlage, die diese genialen Individualitäten für ihre Schöpfungen benutzten.

Bei einer frühen Menschheit war handwerkliches Tun und schöpferisches Gestalten noch eine Einheit. Konnte ein Grieche anders, als seinen Geist der Materie einzuhauchen? Im Mittelalter brauchte der Mensch eine Schulung, die durch die Handwerkszünfte geleistet wurde. Heute muß das, was Verstandeskultur geworden ist, wieder bewußt angeknüpft werden an das Wollen durch Tun und an das Fühlen und Wollen durch künstlerisches Tun.

Zur Qualität der Farben

1868 gelang es dem Chemiker Adolf von Baeyer, den chemischen Aufbau des Indigo-Farbstoffes zu klären, 1897 wurde Indigo von Heumann im Labor nachgebaut und hat seitdem als Farbe den natürlichen Indigo vollständig verdrängt.

1896/97 wurden 187 337 t Indigo aus Indien ausgeführt,

1924/25 nur noch 970 t.

Heute wird noch wenig in Bengal angebaut und ist im Handel nicht mehr erhältlich.

Ja, ist es denn überhaupt ein Unterschied, ob Indigo synthetisch hergestellt wird oder aus der Pflanze kommt? Hat der Farbstoff doch chemisch immer den gleichen Aufbau, sei er in der Pflanze entstanden im Weben zwischen Erden- und Himmelskräften oder in der Fabrik unter Hitze und starkem Druck.

Bei Versuchen mit synthetischem Indigo und indischem Pflanzenextrakt zeigte sich beim Verküpen (Lösen durch chemische Prozesse), daß der natürliche Indigo längere Zeit zum Auflösen braucht, sich dann aber auch länger gelöst erhält als der synthetische. Der gefärbte Stoff wird auch langsamer an der Luft blau. Alte Färber sprachen von einem Unterschied, wie diese beiden Indigo-Arten auf der Faser haften — der natürliche besser. Das mag mit den vielen Nebenstoffen im Pflanzenextrakt zusammenhängen, die die chemischen Prozesse beeinflussen.

Lassen sich nun aber die gefärbten Stoffe selbst unterscheiden? Macht man nur je eine Färbung, ist diese Frage schwer zu beantworten. Mehrere Stücke hintereinander in jeder Küpe gefärbt zeigen aber deutliche Unterschiede. Beim synthetischen Indigo

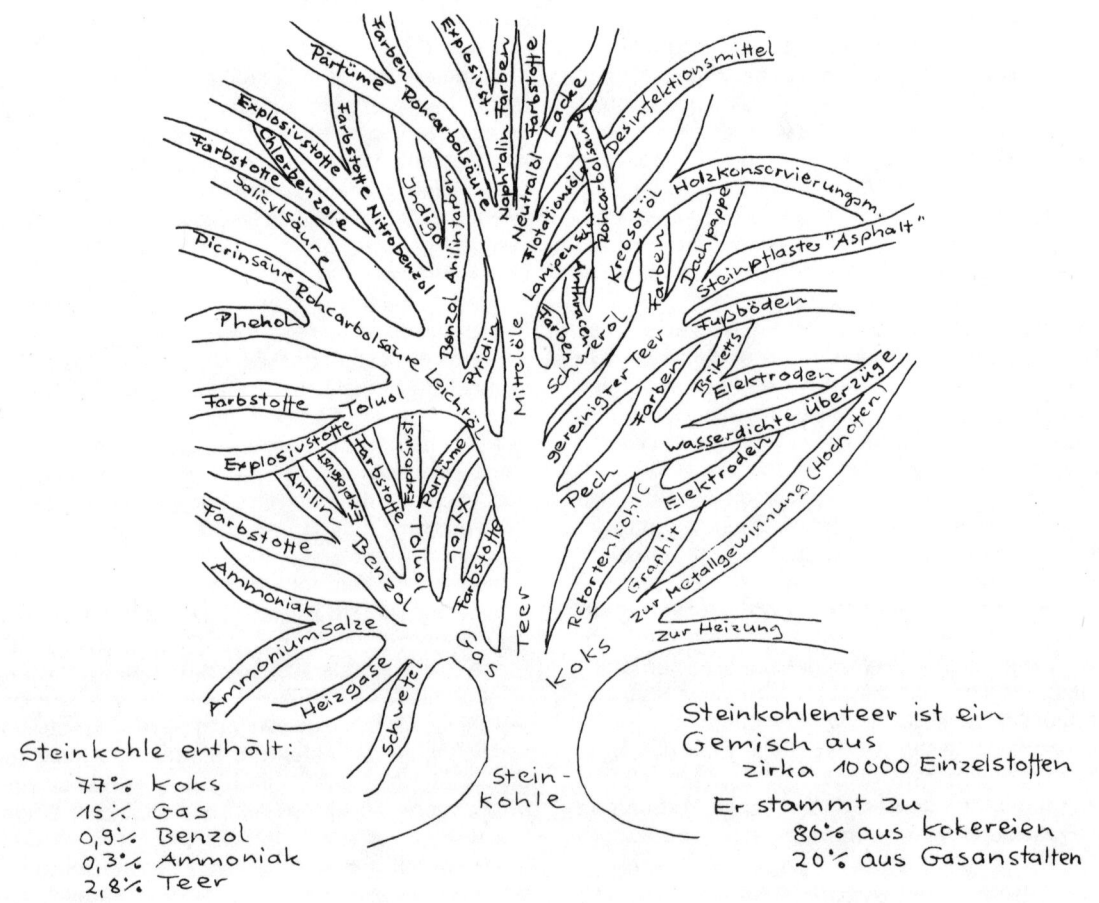

Steinkohle enthält:
- 77% Koks
- 15% Gas
- 0,9% Benzol
- 0,3% Ammoniak
- 2,8% Teer

Steinkohlenteer ist ein
Gemisch aus
zirka 10000 Einzelstoffen
Er stammt zu
80% aus Kokereien
20% aus Gasanstalten

Die Verwertung der Steinkohle
Nach Römpp, "Chemielexikon"

handelt es sich um eine einfache Verdünnung oder Aufhellung des Farbtones; beim Naturindigo kommen feinste Nuancierungen hinein, zum Beispiel ins Rötliche, später sogar ins Grünliche. So eine Skala von Färbungen bekommt etwas sehr Lebendiges. Nun weiß man vom guten Naturindigo, daß er mindestens 7 - 8 Farbtöne enthält, die zwischen Braun, Rot, Blau und Grün spielen. Alle Pflanzenfarben sind Kompositionen.

Ist es also eine Frage der Mischung? Auch das wäre künstlich nachzuahmen. "Bei alledem können wir gewisse Farben, welche die Hausfrauen in Indien, China und Kurdistan mit einfachen Mitteln und ohne alle Kenntnisse der Chemie hervorbringen, und deren Tiefe und Pracht uns entzückt und in Verlegenheit bringt, mit aller Anstrengung unseres Wissens und Willens nicht wiedergeben. Der Grund davon ist der, daß jenes wirkliche Naturtöne sind, die in unsere abstrakten Farbskalen gar nicht hineinpassen. Und man hüte sich, aus den natürlichen Produkten den abstrakten Farbstoff herauszudestillieren und *der Farbe so alle Individualität zu nehmen.*"[1]
Wenn man eine Weile mit Pflanzenfarben umgegangen ist, bemerkt man eine eigenartige Veränderung bei sich. Man sagt zwar weiterhin abstrakt "rot", denkt aber "Krapp" oder "Rotholzrot". Das sind zwei durchaus verschiedene Erlebnisse. "Altrosa" war ursprünglich im allgemeinen Sprachgebrauch eine bestimmte Krappfärbung auf Baumwolle. Heute meint man lediglich einen Farbton, gleichgültig, wie er zustande gekommen ist. Durch alle Nuancierungen hindurch spricht bei jeder Farbe die Pflanze mit. Heidekraut-Gelb vermittelt ein anderes Erlebnis als Birkenblättergelb oder gar Gelbholz. Die Pflanzen-Farben sind tatsächlich individuell, und das Auge kann sich üben, das wahrzunehmen.

Es ist auch nicht gleichgültig, woher etwas kommt. Beim Gemüse schmeckt und riecht jede gute Hausfrau den Anbau und die Güte mit; das ist nicht nur ein Privileg der Weinkenner. Man nennt das Qualität.

So schildert Hofmann, der berühmte Farbchemiker, das Ausgangsprodukt für die Teerfarben oder synthetischen Farben sehr eindrucksvoll: "... in den Schränken sieht man höchst anziehende und schöne Gegenstände und mit diesen in scharfem Gegensatz unmittelbar daneben eine absonderlich garstige, eklige Substanz. Diese, schwarz, klebrig, stinkend, halbflüssig, gleich unangenehm zu sehen, zu riechen und anzufühlen, ist ein widriges und, weil in Mengen auftretend, sehr belästigendes Nebenprodukt der Gasfabrikation; es ist mit einem Wort 'Gasteer'. Die schönen Sachen, zwischen denen der Teer seinen Platz erhalten hat, sind Seidenstoffe... und dergleichen mehr, sämtlich gefärbt, und zwar mit einer Mannigfaltigkeit so prachtvoller und so leuchtender Farben, wie sie nur je ein menschliches Auge entzückten... So groß auch die Zahl der Farbstoffe ist, die man bereits aus Steinkohlenteer gewinnt, so ist doch diese neue Quelle eben erst erschlossen..."[2]
Man stelle sich dagegen eine Pflanze vor, vielleicht eine Birke, die im Jahreslauf, im Auf- und Absteigen der Säfte, im Auf- und Abbau der Stoffe lebt. Im Frühjahr mit den sich entfaltenden Blättern beginnt der Aufbau eines gelben Farbstoffes, der sich zum Hochsommer immer mehr im Blattwerk ansammelt und schließlich im Herbst wieder verschwindet. Menschliche Kunst vermag einem solchen Farbstoff

1 Semper, "Textilkunst", München 1878

2 Joachim Zahn, "Farbige Textilien — nicht nur für reiche Leute", Hefte der Farbenfabriken Bayer AG, Leverkusen

Dauer zu verleihen, und doch bewahrt er immer einen lebendigen Zusammenhang mit der Natur. Man muß es beobachten, wie sich Pflanzenfarben mit dem Licht der Tageszeiten verändern. Es ist ein Erlebnis, in einem mit Pflanzenfarben ausgemalten Raum (Englischer Saal im Goetheanum/Dornach) zu beobachten, wie morgens das Indigoblau aus dem Dämmer auftaucht, über Tag in verschiedenen Nuancen spielt und abends noch lange in einem tiefen Blau nachleuchtet. Solche Farben können das ermüdete Auge wieder anregen. Die wohltätige Wirkung kann überhaupt in der vielfältigsten Weise benutzt werden.

Bei der Kleidung kommt noch ein anderer Gesichtspunkt dazu. Durch den Schweiß werden feinste Mengen von Farben aus den Stoffen gelöst und über die feinen Kapillaren der Haut in die Blutbahn aufgenommen. Wie bei allen durch den Menschen erst synthetisierten Stoffen ist es sehr schwer festzustellen, ob sie dem Menschen schädlich sind oder nicht. Bisher mußten immer wieder Teerfarben aus dem Handel gezogen werden, die sich schließlich als giftig oder nicht unbedenklich erwiesen hatten. Pflanzenfarben dagegen sind seit Urzeiten in ihren Gebrauchseigenschaften bekannt, und ein großer Teil von ihnen, Krappwurzel, Birkenblätter, Heidekraut, verschiedene Rinden und Indigo, gehörten früher zum Arzneischatz.

Färbersubstanzen und Farben

Zum Färben, Malen und Anstreichen werden Substanzen aus den drei Naturreichen und aus dem vom Menschen geschaffenen Reich der synthetischen Stoffe verwendet.

Erdfarben — Mineralfarben:
Die Rohstoffe sind farbige Erden:
> gelber Ocker,
> rote Eisenerden,
> Terra di Siena,
> Umbra.

Edelsteine:
> Lasurstein (für Madonnenblau)

Farbige Metallsalze:
> Bleiweiß,
> Preußischblau,
> Zinkweiß.

Sie wurden schon bei den Höhlenmalereien benutzt, später für die Malerei, heute nur noch wenig für Anstrichfarben. Für die Färberei haben sie wenig Bedeutung, weil sie fast alle unlöslich sind. Die Eisenoxyd-Khaki-Farbe wurde schon erwähnt. Verschiedene Naturvölker reiben Erdfarben mit Tran und Fett auf Häute oder Gewebe und erreichen so eine Färbung, die eher einem Bemalen oder Schminken gleichkommt.

Pflanzenfarben:
Rohstoffe sind getrocknete Pflanzenteile aus der Umgebung:
> Flechten,
> verschiedene Rinden,
> Blätter usw.

oder Färberpflanzen, die in großen Kulturen angebaut wurden:

    Krappwurzel in Frankreich und Holland,
    Indigo in Indien und Indonesien,
    Färberwaid im mittelalterlichen Europa,
    Safran in Süd- und Mitteleuropa, Kleinasien.

Die Pflanzen werden ausgekocht, dann wird in der Flotte gefärbt, oder in der Weiterverarbeitung zur Malfarbe wird der Farbstoff auf eine Trägersubstanz gefällt, das Pigment zum Malen dann mit einer Harz-Emulsion verrieben und mit Wasser verdünnt.

Älteste Textilfunde sind mit Pflanzen gefärbt. Bis zur Mitte des vorigen Jahrhunderts waren sie fast alleinige Färbersubstanzen und wurden innerhalb von hundert Jahren vollständig von den synthetischen Farben abgelöst.

Tierfarben:

Rohstoffe sind Tiere oder Tierorgane, die ausgekocht werden:

    Cochenille-Schildlaus — Karmin,
    Kermes-Schildlaus — Scharlach,
    Drüse der Purpurschnecke — antiker Purpur.

Die Purpurfärberei blühte in der Antike, ging verloren bei der Eroberung von Byzanz durch die Türken. Als zweite Rotfärbung hatte man die Kermes-Schildlaus. Sie wurde verdrängt durch die Kultur der Cochenille-Schildlaus, die aus Mittelamerika kam. Jetzt ist sie vollständig durch synthetische Farben ersetzt.

Synthetische Farben — Teerfarben

Rohstoff für die Großherstellung ist der Gasteer, Abfallprodukt von Kokereien und Gasanstalten. Bestimmte organische Verbindungen werden herausgeholt und weiter synthetisiert. Pflanzenfarbstoffe wie Indigo und Alizerin (Krappfarbstoff) können auf diese Weise nachgebaut werden. Heute gibt es mehrere 10 000 Chemiefarben, die kein Vorbild in der Natur haben, mit den verschiedensten Eigenschaften, zum Beispiel auch Kunstfasern anzufärben.

1865 gelang es Perkins, die erste synthetische Farbe herzustellen, das Mauvëin. Bald darauf folgten synthetischer Indigo und Alizerin und viele andere. Diese Farben waren billiger als Färberpflanzen, verlangten keinen sorgfältigen Anbau und verdrängten jene vollständig vom Markt. Mit Erfindung der licht- und waschechten Indanthrenfarben erreichten sie auch befriedigende Gebrauchseigenschaften.

Textilkunde

Die menschliche Bekleidung

Es ist ein uraltes Bedürfnis der Menschheit, sich zu bekleiden, nicht nur die Blöße zu decken und sich zu schützen. Der Mensch wollte auch schön erscheinen, und das Gewand sollte Ausdruck seiner menschlichen Würde sein. Wieviel Kunst ist verwendet worden zum Schmücken in Farben und Formen! Und "schön" war das, was im inneren Einklang mit dem Menschenwesen war.

Man stelle sich einmal vor, wieviel Mühe und Können dazu gehören, allein aus dem Flachs eine spinnbare Faser zu gewinnen! Es ist in der Tat immer ein gutes Teil der Arbeit und Handfertigkeit aufgewendet worden zur Gewinnung und Verarbeitung von Textilfasern, zur Herstellung von Geweben und Gewändern, und die Textilfasern und Gewebe bilden seit dem Altertum einen wichtigen Anteil am Welthandel.

Geht man in der Geschichte der Bekleidung zurück, so fällt auf, daß nicht nur Farben und Formen mit den Eigenarten der Völker übereinstimmen, sondern auch der Gebrauch der verschiedenen Materialien. So wie Klima und Bodenverhältnisse zusammenklangen mit dem Charakter eines Volkes, so auch die Sitten, sich mit bestimmten Textilfasern zu bekleiden. Das ist nicht allein aus praktischen Gesichtspunkten zu erklären. In Ägypten gedeiht sowohl Flachs wie Baumwolle. Die alten Ägypter trugen aber Leinen, und Baumwolle wurde erst viel später angebaut. Auch das Klima allein war nicht ausschlaggebend. Zwischen den leinentragenden Ägyptern und den baumwolltragenden Indern — Pflanzenfasern, dem Klima angemessen — lebten doch die Babylonier und Assyrer, die Wollkleidung trugen. Allmählich wurden dann alle Textilfasern im Welthandel verbreitet, zunächst als Kostbarkeiten, später wohlfeiler. Heute können wir alles kaufen, dazu kommen die Zellulosefasern und Synthetics. Heute tritt die Frage an uns heran: Welche Materialien sind überhaupt angemessen? Was schützt uns am besten? Welche Kleidung entspricht überhaupt den physiologischen Bedingungen des Menschen?

In den folgenden kurzen Betrachtungen sollen die Textilfasern etwas näher beschrieben werden.

Die Seide

Se·lîng·schi.
Göttin
der
Seiden-
raupen-
zucht

Mit Geduld und Fleiß
werden Maulbeerblätter zu Seide
Chinesisches Sprichwort

Seidenraupenzucht in China

Der Geduld und dem Fleiß des chinesischen Volkes verdankt die Menschheit das edelste und herrlichste textile Material — die Seide. Von Se-lîng-schi, der Gattin des Kaisers Hoang-ti, wird erzählt, daß sie um die Mitte des dritten vorchristlichen Jahrtausends zuerst Seidenwürmer gezogen habe und Hoang-ti dann die Kunst erfunden habe, daraus Kleider und Gewänder herzustellen. Se-lîng-schi wurde zur Schutzherrin und Göttin der Seidenraupen, und die Zucht blieb eine der Aufgaben der Kaiserin von China.

Im Li-ki, dem Buch der feierlichen Bräuche, wird folgendes geschildert: "In den ersten Monaten des Frühlings erging an die Waldbewohner der Befehl, die Maulbeerbäume nicht niederzuschneiden; sobald ferner girrende, mit den Flügeln flatternde Tauben bemerkt werden und bebuschte Häher sich auf die Maulbeerbäume niederlassen wollen, soll das Volk die Gerüste und Gestelle, die runden und viereckigen Körbe für die Seidenraupenzucht bereithalten."

19

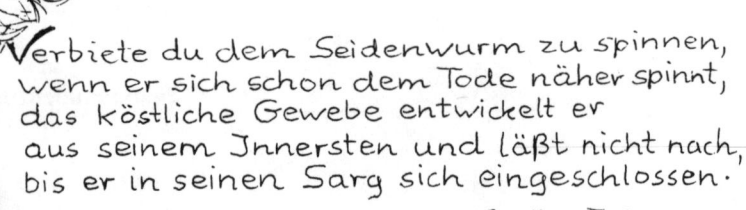

Verbiete du dem Seidenwurm zu spinnen,
wenn er sich schon dem Tode näher spinnt,
das köstliche Gewebe entwickelt er
aus seinem Innersten und läßt nicht nach,
bis er in seinen Sarg sich eingeschlossen·

Goethe, Tasso

Und solang du das nicht hast,
dieses: Stirb und Werde!
Bist du nur ein trüber Gast
auf der dunklen Erde·

Goethe, West östlicher Divan

"Wenn im Frühjahr die Kaiserin und ihre Damen gefastet hatten, schritten sie nach Osten und pflückten eigenhändig die Maulbeerblätter; bei dieser Gelegenheit mußten sowohl verheiratete als auch ledige Damen ihren Schmuck ablegen und ihre gewöhnlichen Beschäftigungen aussetzen, um alle Aufmerksamkeit der Pflege der Seidenwürmer zuzuwenden. Nach Beendigung der Seidenwürmerzucht wurden die Kokons (zum Abhaspeln) verteilt und die Seide (zum Weben) abgewogen und jede Person nach Maß ihrer Arbeit damit belohnt, um sich Kleider für die himmlischen und angestammten Opfer anzufertigen. Dabei wagte es niemand, nachlässig zu erscheinen."[1]

Aus einer anderen Stelle des Abschnittes erfahren wir, daß im letzten Monat des Sommers allen Dienerinnen der Befehl erteilt wurde, die Seide verschiedenartig zu färben, um bunte Taffetzeuge daraus zu weben, die weiß und schwarz, schwarz und grün, grün und rot, mit roten und weißen Einsätzen versehen waren. Diese Arbeit war nach den alten, hergebrachten Regeln, und ohne davon im geringsten abzugehen, vorzunehmen; denn die schwarzen, gelben, himmelblauen und roten Farben, die an den Gewändern für die himmlischen und hergebrachten Opfer glänzten und die an den Fahnen zur Unterscheidung der höheren und niederen Stände dienten, mußten fehlerfrei und ohne jeden Makel sein.

Die Seidenraupen-Kultur verbreitete sich bald im chinesischen Volke. Eine Kultur im wahrsten Sinne des Wortes; denn die Seidenraupe galt als ein empfindliches Tier. Hwâng-sâng-tsâng schrieb in einem Buch: "Seidenwürmer lieben ihrer Natur nach Ruhe und schrecken sich vor Lärm; deshalb sollen sie in ruhigen Häusern gezogen werden; sie lieben Wärme und scheuen Feuchtigkeit." Sauberkeit war oberstes Gebot für den Züchter, den Geruch von Alkohol liebten die Raupen nicht. In vielen Büchern wurden Geräte und Handhabungen bis ins einzelne genau beschrieben.

Zur Seidenraupenzucht sind fünf Dinge nötig:

 fleißige Pflege,
 Vorrat von Futter,
 geräumige Zimmer,
 große Hürden,
 zahlreiche Spinnhütten.

Die richtige Fütterung der Raupen in ihren verschiedenen Entwicklungsstadien erforderte eine genaue Beobachtung.

Die Seidenraupe hat drei Arten von Glanz:

 weißer Glanz — Beginn des Fressens
 grüner Glanz — satt
 gelber Glanz — Aufhören mit dem Fressen
         vor einer Häutung.

1 Zitiert nach E. Reichenbach, "Über Seidenraupenzucht...", Cotta 1867

Zur Geschichte des Seidenhandels

Aus dem geheimnisvollen Reich der Serer, wie die
Römer die Chinesen nannten, zogen die Karawanen
mit Seidenballen auf der berühmten Seidenstraße
durch Innerasien über Samarkand nach Bagdad und
Damaskus; seefahrende Phönizier und Babylonier
brachten sie aus Indien mit. Als medische Gewänder waren Seiden auch den Griechen bekannt.
Schließlich führte der steigende Luxus der Römer zu
einer solchen Verschwendung von Seidengewän-
dern — dazu noch sehr dünnen —, daß die Morali-
sten sich empörten und Verbote ausgesprochen
wurden. Seneca (4 - 64 n. Chr.) schrieb entrüstet:
''Ich sehe seidene Kleider, sofern man als Kleider
bezeichnen kann, was weder für den Leib noch für
das Schamgefühl einen Schutz darstellt, und was für
ungeheure Summen Geldes von unbekannten Völ-
kern eingehandelt wird.'' Jene Geldsummen haben
damals nicht wenig zum Wohlstand des chinesischen Volkes beigetragen — und natürlich zu dem
der orientalischen Zwischenhändler.
Die Seidenraupenzucht konnten die Chinesen als ein
Geheimnis behalten, bis es schließlich nach Korea
gelangte und im 4. nachchristlichen Jahrhundert
eine chinesische Prinzessin im Hochzeitskranz Eier
zu ihrem Gemahl nach Khotan schmuggelte. Nach
Konstantinopel brachten im Jahre 552 n. Chr. zwei
Mönche Seidenraupeneier in hohlen Wanderstäben,
die Grundlage für die berühmten byzantinischen Seidenwebereien. Bald verbreitete sich die Zucht zusammen mit den Maulbeerbäumen nach Griechenland,
nach der Eroberung durch die Normannen im 12.
Jahrhundert zunächst nach Sizilien, später nach Italien, Frankreich bis nach Deutschland. Heute sind
die berühmten Zuchten in Frankreich und Italien mit

ihren hochentwickelten Seidenwebereien zurückgegangen. Der Haupt-Weltlieferant ist zur Zeit Japan.
China steht an zweiter Stelle.

Das Seidenmaterial

Seide besteht aus Eiweiß, dem Fibroin, welches die
Raupe aus ihren zwei Spinndrüsen herausspinnt und
das an der Luft zusammen mit dem Seidenleim
(Sericin) erhärtet. In kochender Seifenlösung wird der
Seidenbast entfernt, und man bekommt die entba-
stete Seide, Cuite oder Grège genannt. Bei dieser
Arbeit verliert die Seide bis zu einem Viertel ihres
Gewichtes. Das wird durch ''Beschweren'' ausge-
glichen, das heißt, man tränkt die Fäden mit Metall-
salzlösungen — meistens Zinnverbindungen — ähnlich einem Beizvorgang.

Die Metamorphose des Maulbeerspinners (Bombyx mori)

Aus den Eiern, die der Züchter sorgfältig den Winter über im Kühlen aufbewahrt hat, schlüpfen beim Erwärmen 3 mm lange, schwarzbehaarte Räupchen, die mit großer Lust ausschließlich Maulbeerblätter fressen. Schon nach drei Tagen sind sie weiß, häuten sich und fressen weiter. So machen sie es viermal, und nach 28 Tagen ist die ausgewachsene Seidenraupe so lang und dick wie ein Zeigefinger. Sie hat das vierzigtausendfache ihres Gewichtes an Maulbeerblättern gefressen.

Jetzt beginnt eine Verwandlung. Die Raupe kriecht auf Zweige oder in die Spinnhütte und spinnt in lemniskatischen Bewegungen einen Faden um sich herum. Allmählich verschwindet sie ganz im Kokon,

eine Weile hört man sie noch, dann ruht die Puppe. Nach zwei Wochen zwängt sich der Maulbeerspinner durch die mit einem Sekret aufgeweichten Fäden des Kokons, ein weißer, wollig behaarter Schmetterling mit einer Spannbreite von etwa vier cm. Sein kurzes Dasein lebt er in Licht und Luft, paart sich und legt die Eier.

Die Gewinnung der Seidenfäden

Allerdings hat der Schmetterling das kostbare Kokon-Gehäuse zerstört, das aus einem Seidenfaden von 3000 m Länge besteht. Zur Seidengewinnung werden die Puppen durch Hitze getötet, der Kokon gewässert und abgehaspelt. Im heißen Wasser erweicht sich der Seidenleim oder Seidenbast, mit

23

dem die Raupe den Kokon zusammengeklebt hat, und das Kokon-Gehäuse kann abgehaspelt werden. Man nimmt mehrere Kokons gleichzeitig; beim Trocknen klebt der Seidenleim alle Fäden wieder zusammen und so werden sie zu einem Webfaden vereinigt. Feine Seidenfäden bestehen aus 7 Kokon-Fäden, die einen Webfaden von einer Länge bis zu 1500 m ergeben können. Das äußere, lockere Gespinst, in dem der Kokon hing, wird zu kurzfädigen Seiden weiterverarbeitet, der nicht mehr abhaspelbare innere Kokonrest zu Schappeseiden mit ungleichen Fäden.

800 g Kokons ergeben im ganzen 200 g Seidenfaden, für ein Kleid von 400 g braucht man 3000 Tiere. So verdanken wir unsere schönsten und edelsten Stoffe einem Schmetterling, der sich wie aus gesponnenem Licht eine kunstvolle Hülle baut und für die Seide sein Leben lassen muß. Anfangs waren diese Hüllen dem Menschen heilig. Opferhandlungen leiteten in China eine Zucht ein, und man trug nur seidene Opfergewänder.

Aber dann wurden Prachtgewänder gewoben in den schönsten Farben. Der Mensch schmückte sich nicht nur für die Götter, es entstanden die chinesischen Kleider aus den schwerfallenden Seiden mit kunstvollen Webmustern und Stickereien. Später wurde es ein Privileg des Adels, Seide zu tragen. Allerdings kamen auch Zeiten, wo sie so allgemein verbreitet war in China, daß ein Konfuzius Überlegungen anstellte, ob er überhaupt noch die ihm als Adligen zustehende Seidenmütze tragen sollte — aus einem so gewöhnlichen Material. Ob als seltenes Gewebe kostbar oder allgemein verbreitet, immer wurden die guten Gebrauchseigenschaften dieser tierischen Faser geschätzt als ausgleichende Gewandhülle, im Sommer kühlend, im Winter wärmend; Feuchtigkeit aufnehmend wie die Wolle; leicht, wenig knitternd. Und nicht zu vergessen, es gibt keine Faser, die sich so leicht und in so reinen Farben einfärben läßt.

Das Färben

Seide läßt sich von allen Fasern am leichtesten und schönsten färben. Allerdings muß der Seidenbast entfernt werden durch kochende Seifenlauge. Sehr billige, zu stark beschwerte Seiden nehmen Farben schlecht an. Im Handel sind neuerdings auch pflegeleichte Mischgewebe von Seide und Synthetik, die zum Färben ungeeignet sind.

Starke Säuren und vor allem Alkalien greifen Seide an. Das ist bei der Indigo-Küpe zu beachten. Schon das öftere Waschen mit Seife schädigt sie. Es sind moderne Feinwaschmittel (ohne optische Aufheller) zu empfehlen, zum Schluß ein Spülbad mit einigen Tropfen Essig.

Die Vorbereitung zum Färben besteht bei Haspelseiden in einer einfachen handwarmen Wäsche, bei Bastseiden in einem Entbasten durch kochende Seifenlauge.

Handelsnamen:

Japon —, Japanseide, Pongé
  feine Stoffe aus Haspelseide (Grège)
  Lampenschirmseide
Seidenchiffon
  Schleiergewebe aus Haspelseide
Schappeseide
  aus den kürzeren Fäden des äußeren Kokon-
  gespinstes und der verklebten inneren Kokon-
  schicht. Aus diesem Material wird auch Näh-
  seide hergestellt.
Bouretteseide, Seidenfrotté
  Aus den dabei entstehenden Abfällen hergestellt.
Bastseide, Rohseide, Wildseide
  Aus den Kokons des wilden Tussahspinners
  und des Eichenspinners. Sie zeichnen sich
  dadurch aus, daß bei der Tussahseide der
  Bast nicht vollständig entfernt werden kann,
  dadurch entstehen gröbere Gewebe mit un-
  gleichmäßigen Fäden. Die Naturfarben gehen
  von gelblich bis braun und grünlich. Gefärbte
  Seiden weisen durch den störenden Bast cha-
  rakteristische Ungleichmäßigkeiten auf. Man
  denke an die modischen indischen Wildsei-
  den. Honan- und Shantungseiden gehören
  hierher.
Batikseiden
  sehr preiswerte Seiden, durch starke Be-
  schwerung von minderer Qualität. Ob sie
  trotzdem noch gut zu färben sind, muß aus-
  probiert werden.

Baskischer Schäfer

Die Wolle

Lustige hirten, freudige knabn,
Die guate lust zum singen habn:
Heja wol auf und lasst uns singn,
Guater dingn lustig springn.
David, an tapfrer hirtenjung,
David erfreut uns herz und zung. —

Nach aner schlacht und küenen taten
Auserwölt zum potentaten,
Muass er a den scepter füeren,
Welt regieren, juden zieren.
Jedermann auf den David deut:
Sans die hirtn nit wackere leut?
Oberuferer Weihnachtsspiele

Das manchmal lustige, manchmal harte und entbehrungsreiche Hirtenleben gehört zur Menschheit seit urältesten Zeiten. In der Bibel wird uns von Abel, dem Schafhirten, und Kain, dem Ackerbauer, erzählt. Die anderen Berufe kamen erst später durch die Kainssöhne hinzu. Das Volk Israel stammt ja aus Mesopotamien, das drei Quellen seines Reichtums hatte: Wolle, Öl und Gerste. In der Zeit um 2800 v.Chr. gab es dort viel Schafzucht, einen wohlorganisierten Wollhandel und eine bedeutende Textilverarbeitung. Abraham löste sich aus der Kultur des Zwei-stromlandes und zog mit seinen Herden und Leuten fort. Schafhirten und Züchter waren alle Erzväter. Von Jacob werden uns die Kunststücke geschildert, wie er in den Herden seines Schwiegervaters die braunen Schafe heranzüchtete — die nämlich ihm gehören sollten. Nach seiner Flucht aus Ägypten hütete Moses 40 Jahre die Schafe Jethros, des Priesters von Midiam. David mußte von den Schafherden seines Vaters geholt werden, um zum König von Israel gesalbt zu werden. Und dann waren es die armen Hirten auf den Feldern Bethlehems, die zuerst das wunderbare Geschehen der Weihnachtsnacht erfuhren.

'' 'Und er erwählte seinen Knecht David und nahm ihn von den Schafställen'. — Hatte denn David in den Ställen etwas zu schaffen? Jawohl, denn er ließ die Schafe nur gesondert aus den Ställen auf die Weide ziehen. Zuerst führte er die Lämmer auf die Wiesen und ließ sie die Spitzen der Gräser abfressen. Danach ließ er die Böcke weiden, und die fraßen den mittleren Teil der Halme ab. Zuletzt kamen die Mutterschafe heraus und verzehrten das Unterste vom Gras samt der Wurzel.

Da der Herr dies sah, sprach er: Wie wohl versteht es dieser, der Tiere zu pflegen! Er möge kommen und sich meiner Herde annehmen, der Kinder Israel!''[1]

Durch die biblischen Geschichten, die Psalmen, die Gleichnisse haben sich in der abendländischen Kultur die Bilder vom guten Hirten, vom verlorenen Schaf, vom Lamm tief in die Seelen eingelebt. Diese Bilder sind durchsichtig geworden für die höchsten Geheimnisse — und verleihen auch dem Schäfer und seiner Herde ein wenig Glanz.

1 Aus: Micha Josef Bin Gorion, Die Sagen der Juden, Insel-Verlag, Frankfurt/Main 1962

Mufflon

Merino

Das Schaf

Der berühmte Brehm hatte allerdings eine andere
Meinung von diesem Tier, die ihn gar nicht als sach-
lichen Naturforscher zeigt:
''... die zahmen sind unausstehliche Geschöpfe und
können wahrhaftig nur den Landwirt begeistern,
welcher aus dem wertvollen Vließe guten Gewinn
zieht. ...Kein Thier läßt sich leichter hüten, leichter
bemeistern als das zahme Schaf; es scheint sich zu
freuen, wenn ein anderes Geschöpf ihm die Last abnimmt, für das eigene Beste sorgen zu müssen. Daß
solche Geschöpfe gutmütig, sanft, friedlich, harm-
los sind, darf uns nicht wundern; in der Dummheit
begründet sich ihr geistiges Wesen, und gerade
deshalb ist das Lamm nicht eben ein glücklich ge-
wähltes Sinnbild für tugendreiche Menschen...''
(Brehms Tierleben)
Neben den Wildschafen — die dem Geschmacke
Brehms schon eher entsprechen — gibt es viele
Rassen und Züchtungen von Schafen. Dieses Tier
hat den Menschen in alle Klimazonen, alle Landschaften begleitet und sich entsprechend gewan-
delt. Es wurde als Wollschaf, Fleischschaf oder
Milchtier gezüchtet. Bisher konnte das Geheimnis
nicht gelüftet werden, wie es den Menschen gelang,
aus Wildschafen ein Haustier zu machen.

Der Mufflon ist das einzige Wildschaf Europas, er
lebt in Rudeln in den Felsengebirgen Korsikas und
Sardiniens, im Winter mit einem kurzen, kastanien-
braunen Wollkleid, ein guter Kletterer, der als gutes
Jagdwild gilt. In den Gebirgen Asiens und Amerikas
gibt es verschiedene Wildschaf-Rassen.

Das Merinoschaf ist das bedeutendste Wollschaf. Es wurde in Spanien gezüchtet. Als die Römer Palästina erobert hatten, waren sie auch im Besitze der israelischen Schafkultur. Schafe wurden in die Provinz Hispania gebracht. Dieses Land war abgeholzt worden, zur Schafzucht konnte es noch benutzt werden. Die palästinensischen Schafe gediehen so prächtig, daß die Schafzucht eine Existenzgrundlage für das Land blieb. Die Spanier züchteten hervorragende Rassen; die Merinos liefern bis heute die feinste Schurwolle. Spanische Wolle wurde ein begehrter Artikel, besonders für die flämischen Tuchmacher des Mittelalters und für England. Aber England mußte erst die spanische Armada besiegen, bis es gelang, spanische Zuchtböcke zu bekommen und eine eigene Schafzucht aufzubauen. Wie wichtig den Engländern diese Zucht war, zeigt eine Bestimmung der Königin Elisabeth I., daß der Speaker im Parlament auf einem Wollsack sitzen solle. Von England wurden die Merinoschafe nach Südafrika und Australien gebracht. 1788 ging General Mc Arthur mit 13 Schafen nach Australien, heute sind es fast zweihundert Millionen. Für die Landschaften Spaniens hatte die über tausendjährige einseitige Schafzucht ihre Folgen. Das Schaf, ursprünglich ein Bergtier, gedeiht am besten, wenn es über große Flächen ziehen kann und wenn die Weiden trocken und mager sind. Dann bildet es das schönste Wollvließ aus. Das spanische Land war von den Römern abgeholzt worden, für Weiden ließ es sich wohl nutzen, dem Ackerbau waren die Verhältnisse aber ungünstig. Dazu kamen Vorrechte, die es jedem Hirten erlaubten, während der Sommerweide beliebig auf jedem Besitztum zu weiden. Nur mit einer königlichen Sondererlaubnis durfte der Besitzer die Herden von seinem Land verweisen. Das war

dem Ackerbau sehr abträglich. Erst im 19. Jahrhundert wurden bei einer verfassungsmäßigen Neuordnung diese Vorrechte abgeschafft. Als Folge davon blühte der Ackerbau auf, die Schafzucht aber ging zurück. In Australien und Neuseeland fand man günstige Bedingungen für die Schafzucht in den weiten, kargen Landstrichen. Man rechnet dort, daß 6 - 8 Schafe auf einem Hektar Land ihr Futter finden, im Westen sogar nur 2. So sind dort riesige Farmen entstanden, einige besitzen über 70 000 ha Land mit 100 000 Schafen. Ähnliche Verhältnisse gibt es in der Sowjetunion, Argentinien und der Südafrikanischen Union, die alle zu den größten Wollieferanten der Erde gehören. Großbritannien steht heute an achter Stelle, Spanien an neunter.

Den Herden des **Deutschen Schafes** konnte man früher in Franken, auf der Schwäbischen Alb, in Niedersachsen begegnen. Die Wolle wurde für grobes Zeug und Strickgarne verwendet. Heute kann die deutsche Wolle nicht mehr mit der australischen konkurrieren, die Schafzucht ist teuer und aufwendig geworden und die Schafhaltung ist entsprechend zurückgegangen.
Allerdings beginnt sie eine neue Bedeutung zu gewinnen: als Landschaftspflege. Im Naturschutzpark der Lüneburger Heide gibt es Heidschnuckenherden, um diese typische Landschaft überhaupt zu erhalten. Überall entstehen heute Brachflächen, weil es für den Landwirt nicht mehr rentabel ist, den Boden als Ackerland zu bearbeiten. Diese Flächen drohen zu veröden und zu verssteppen. Der Schäfermeister und Tuchmacher Otto Stritzel begann 1937 im Fichtelgebirge ausgemergelte, steinige Hänge mit Hilfe der Schafzucht wieder in Kulturland umzuwandeln. Durch sorgfältige Weideführung in Kop-

Deutsches Schaf

Heidschnucke

peln, Heckenpflanzungen, die vor Schafbiß durch Zäune geschützt waren, gelang es allmählich, das Land zu beleben. Die Schafe bissen das Unkraut weg, Gras und Wiesenkräuter wuchsen kräftig nach, der Kot machte sich als Düngemittel nützlich. Es entstand wieder eine Bodenbedeckung, die Erde konnte sich erholen. Die Hecken schützten vor Wind, Sonne und Ausschwemmung des Bodens. Vögel und allerlei Getier siedelten sich in den Hekken an. Die Wolle wurde zu den bekannten ''Goldvließ-Stoffen'' verarbeitet. Im Spessart, Odenwald und Schwarzwald hat man sich diese Erfahrung zunutze gemacht. Auf jeden Fall ist diese Art der Landschaftspflege billiger und sinnvoller als der staatlich besoldete Landschaftsgärtner für die Brachflächen um Kurorte und Städte.

Die Heidschnucken, kleine blaugraue Tiere mit den schwarzen Gesichtern und den gewundenen Hörnern, gehören in die norddeutschen Heidelandschaften. Das ziemlich grobe Haar, mit weichem Flaum untermischt, wird für Hüte und grobes Zeug gebraucht.

Das Karakul- oder Persianerschaf wird hauptsächlich in der Bucharei gezüchtet. Die Persianerpelze werden aus den Fellen der drei- bis viertägigen Lämmer gewonnen. Das Karakulschaf ist der bekannteste Vertreter aus der Rasse der Breit- oder Fettschwanzschafe, die in Afrika, dem westlichen Asien und Südrußland zuhause sind. Diese Schafe liefern Wolle, Fleisch und Milch. Am wichtigsten ist jedoch das Fett des Schwanzes, der ein Gewicht bis zu 10 kg erreichen kann.

Das Zackelschaf lebt in den Gebirgen Ungarns und des Balkans. Die Wolle wird zu Matratzen, Teppichen und gröberem Zeug benutzt, die Felle zu Winterpelzen.

Auch andere Tiere liefern uns noch Wolle und feine Haare:

das Kamel,

das Alpaka, ein südamerikanisches Schafkamel,

das Lama

und das Vikunja, ebenfalls aus Südamerika,

die Angoraziege aus Westasien, die uns die Mohairwolle liefert,

die Kaschmirziege, die im Himalaja gezüchtet wird,

das Angorakaninchen.

Das Zackelschaf

Das Karakulschaf

Das Färben

Ein- oder zweimal im Jahr werden die Schafe geschoren, die Vollschur im Frühjahr oder je eine Halbschur im Frühjahr und Herbst. Das ganze, zusammenhängende Haarkleid, das Vließ, wird dann nach Wollqualität sortiert, Rücken und Seiten liefern die beste Wolle, von Hals, Kopf und Bauch ist sie weniger wertvoll. Wolle von Sterblingen und geschlachteten Tieren hat eine mindere Qualität. Die bei der Schur gewonnene Wolle ist verunreinigt durch Wollschweiß, Schmutz, Kot und Pflanzenteile. Dies ist die Roh-, Schweiß- oder Schmutzwolle. Bei vorgewaschener Wolle ist ein Teil des Schmut-

Bei Wollgarnen und Wollstoffen empfiehlt es sich, an einer Probe zu beobachten, wie die Feuchtigkeit angenommen wird. Ist die Feuchtigkeitsaufnahme schlecht, sollte man auch vorher gut waschen.

Die Handelsqualitäten

Aus den fein gekräuselten Wollhaaren entstehen die Kleidungsstücke, die den Menschen am besten gegen Kälte und Feuchtigkeit zu schützen vermögen. Die Wärme wird durch die Luft im Gewebe gehalten. Wolle kann bis zu einem Drittel ihres Gewichtes an Feuchtigkeit in sich aufnehmen, ohne sich feucht anzufühlen. Gerüche werden chemisch gebunden.

''Reine Schurwolle'': Wollstoffe mit dem bekannten Wollsiegel dürfen keine Zusätze von Reißwolle oder anderen Fasern enthalten.

''Spezialausrüstung, filzt nicht'': Die Wollhaare haben eine schuppige Oberfläche und können sich ineinander verfilzen, eine lästige Nebenerscheinung beim unvorsichtigen Waschen. Durch verschiedene Verfahren kann man erreichen, daß sich die Schuppen anlegen und die Wolle nicht mehr filzt, auch nicht in der Waschmaschine. Die ganze Faser kann auch mit einem Film von Kunstharz überzogen werden. Durch solche Behandlung verliert die Wolle viele ihrer guten Gebrauchseigenschaften, zum Färben ist sie dann nicht mehr geeignet.

zes entfernt, die fabrikgewaschene Wolle ist sauber, enthält allerdings noch Klettenreste usw.

Rohwolle wird leicht ungleichmäßig gefärbt; denn das Schaf bildet an den verschiedenen Körperstellen Haare von ganz verschiedener Struktur, die dann auch verschieden die Farbe annehmen. Beim Kratzen und Verspinnen gleichen sich die Ungleichmäßigkeiten aus. Gut sortierte Wolle läßt sich besser färben. Wichtig ist, einen Teil des Wollfettes — an sich eine wertvolle, hautfreundliche Substanz — zu entfernen, damit die Farbflotte gut aufgenommen wird. Fabrikgewaschene Wolle hat manchmal alles Wollfett eingebüßt und fühlt sich ganz spröde und rauh an. Die Elastizität ist verlorengegangen. Zum Färben genügt dann eine heiße Vorwäsche mit einem Feinwaschmittel. Schmutzige Wolle vom Schaf muß man 5 - 6 mal waschen und dann gut spülen.

Die Baumwolle

"Die Bäume, von denen die Inder ihre Kleider machen, haben ein Blatt wie das der schwarzen Maulbeere, aber die ganze Pflanze gleicht einer Hundsrose. Sie pflanzen sie in der Ebene in Reihen, so daß sie aus einer gewissen Entfernung wie Weinstöcke anzuschauen sind."

Theophrastus, 4. Jahrhundert vor Christus

So beschreibt ein Grieche jene merkwürdige "Wolle von Bäumen", wo aus den Kapseln die feinen weißen Samenhaare herausquellen, die man pflücken und verspinnen kann. Von Ausgrabungsfunden und Gesetzesaufzeichnungen weiß man, daß im alten Indien die Kleidung der Priester aus Baumwolle gewoben war und die Opferschnur des Brahmanen dreifach und von Baumwolle sein mußte. Später wurden aus Baumwolle alle Kleider gemacht, und so ist es in Indien bis heute geblieben.

Im Altertum wurden allmählich die herrlichen weißen Baumwollgewebe aus Indien berühmt, besonders die feinen aus Mossul, der Musselin, den man "gewobenen Wind" nannte. Dann fing man an, auch mit Rohbaumwolle zu handeln, und der Anbau breitete sich am Persischen Golf aus und kam schließlich auch nach Ägypten und Griechenland. Die Mauren brachten die Baumwollkultur und -Manufaktur nach Spanien. In Genua wurde im 12. Jahrhundert mit Baumwolle gehandelt, die Weberei breitete sich aus. Besonders die Barchentstoffe (Stoff mit Leinenkette und weichem Baumwollschuß) ka-

men über die Alpenpässe. Und in Süddeutschland entwickelte sich im 14. Jahrhundert eine mächtige Barchentindustrie. Der Baumwollhandel mit dem Orient spielte sich in den großen Handelsstädten Ulm und Augsburg ab, die Weberei verbreitete sich in den Städten und auf den Dörfern, und die großen Märkte in Ulm, Augsburg und später auch Frankfurt (Frankfurter Messe) sorgten für den Absatz. Dieser mächtige deutsche Textilzweig ging im Dreißigjährigen Krieg unter, der venezianische Handel mit syrischer, zyprischer und ägyptischer Baumwolle verlor an Bedeutung. Besonders in Frankreich entstand nun eine Veredlungsindustrie, die aus Indien eingeführte Baumwoll-Halbfabrikate veredelte.

Inzwischen hatte auf der Erde eine andere Entwicklung ihren Anfang genommen. Als Christoph Columbus um 1492 auf den Westindischen Inseln landete, kamen Eingeborene ans Schiff geschwommen und brachten neben anderen Geschenken Ballen von Baumwollfasern mit. Seit Urzeiten hatten die Azteken und Inkas Gewebe aus einheimischen Baumwollarten hergestellt. Im 18. Jahrhundert wurde die Baumwollkultur in Virginia und den südlichen Kolonien Nordamerikas übernommen. Dort ließen die Großgrundbesitzer Plantagen anlegen. Die Feldarbeit verrichteten zunächst aus England mitgebrachte Arbeiter, später Negersklaven. Der Handel blieb im bescheidenen Rahmen, und man ahnte nicht, welche bedeutende Rolle die Baumwolle noch in der Geschichte Nordamerikas spielen sollte.

1793 erfand Whitney die Entkörnungsmaschine, und eine neue Entwicklung setzte ein. Die Baumwolle besteht ja aus Samenhaaren, an denen noch die Samenkörner hängen. Bis jetzt hatte man die altindische Churka benutzt, zwei sich gegenläufig drehende Walzen, die die Körner herauspreßten, welche

33

Der Baumwollstrauch
(Gossypium)

gehört zu den Malven-
gewächsen. Die Anbaugebiete
erstrecken sich zwischen dem
35° im Süden und dem
45° im Norden.

dann weiter zu Öl verarbeitet wurden. Allerdings ging das mit den kurzfaserigen nordamerikanischen Baumwollsorten nicht, und Negersklaven mußten mit der Hand verlesen. Eine Frau konnte an einem Arbeitstag ein Pfund Baumwolle entkörnen. Mit der neuen Entkörnungsmaschine konnte ein Neger täglich 50 Pfund, nach Verbesserungen sogar bis zu 30 Zentner entkörnen. Sofort wurde der Anbau interessant, im Laufe von 7 Jahren stieg der Export von 0,5 auf 28 Millionen Pfund. Die billige Baumwolle wurde das Material für die beginnende mechanische Weberei. Das Handwerk der Weberei verlor seinen Boden. Große soziale Veränderungen begannen, und die überall vorhandenen preiswerten Baumwollstoffe veränderten die Bekleidungsgewohnheiten der Menschen.

Diese Entwicklung mit Hilfe der Technik veränderte aber nicht nur das Textilgewerbe der ganzen Erde, für die Staaten von Nordamerika spitzten sich zwei Probleme zu, die bis heute nicht gelöst sind:
das Rassenproblem und die Bodenschäden durch Raubbau und Monokultur. Negersklaven — aus Afrika geraubt oder eingehandelt — gab es sowohl in den südlichen wie in den nördlichen Staaten. In der Lebensweise bildete sich allmählich der immer wieder auftretende Gegensatz von Nord und Süd heraus. War man im Norden fortschrittlich gesinnt und bemühte sich, Industrien aufzubauen, so lebte man im Süden von Großgrundbesitz und Plantagenanbau. Man war konservativ. Allmählich begann sich der Gedanke durchzusetzen, daß Sklaverei mit der Würde des Menschen unvereinbar sei. 1780 machten die Staaten Massachusetts und Pennsylvania der Sklaverei ein Ende, andere Staaten folgten. Auch in den Südstaaten war man diesen Gedanken nicht abgeneigt. Die Erfindung der Entkörnungsmaschine änderte das schlagartig. Immer mehr Menschen wurden gebraucht, um die riesigen Baumwollfelder zu bestellen und zu pflücken. Waren früher die Sklaven noch in ein patriarchalisches System eingeordnet, so wurden sie jetzt erbarmungslos ausgebeutet. Dieses Sklavensystem war die

Grundlage für die Wirtschaftsordnung und den Reichtum der Südstaaten, an Befreiung war nicht mehr zu denken. Das trug sehr zur Verschärfung der Gegensätze zwischen Nord und Süd bei. Als es zum Krieg kam, unterlag der Süden und wurde gezwungen, die Sklaverei aufzugeben. Die Konflikte, die daraus entstehen mußten, spielen bis heute in der weißen und schwarzen Bevölkerung Amerikas eine Rolle.

Ein anderes Problem tauchte sehr schnell auf und ist bis heute von der Landwirtschaft nicht bewältigt worden. Die Monokultur der Baumwolle ohne eine entsprechende Bodenpflege führte bald zum Nachlassen der Fruchtbarkeit und zu Versteppung. Riesige Sandstürme traten auf und trugen die Reste der Ackerkrume fort. Versuche von Farmern und befreiten Sklaven, sich anzusiedeln, schlugen fehl. Sie gerieten in Not und mußten das Land wieder verlassen. Die Baumwolle allein konnte nicht länger die Grundlage des Reichtums für dieses Land sein.

Heute ist der Baumwollanbau auf der ganzen Erde

modernisiert worden. Das Baumwollpflücken haben Maschinen übernommen. Allerdings — weil die Reife der Samenkapseln über Monate geht — erhält man auf diesem Wege niemals eine so reine Baumwolle, wie wenn ein Mensch auswählt. Man hat versucht, dem abzuhelfen, indem man mit Cyanamid die Baumwollsträucher entlaubt. Danach tritt eine gleichmäßige Notreife ein.

Material und Färbeeigenschaften

Baumwollfasern sind schlauchartige, gewundene Bändchen von einer Länge zwischen 15 und 50 mm. Feinheit, Glanz, Länge und Farbe sind bei den Baumwollsorten verschieden und bestimmen den Wert. Im Gebrauch ist die Baumwolle haltbar, gut waschbar und kochfest, aber leicht einlaufend und knitternd.

Durch Veredlung versucht man alle Nachteile zu verbessern:

Sanfor: die Gewebe laufen nicht mehr ein, weil der Prozeß durch ein Krumpfverfahren vorweggenommen wurde.

Pflegeleicht: Einlagerungen von Kunstharzen verhindern weitgehend das Knittern.

Merzerisieren: durch eine Behandlung mit Natronlauge erhält die Faser einen gewissen Glanz.

Die Samenhaare sind aus Zellulose aufgebaut, und wie alle pflanzlichen Fasern haben sie weniger Beziehung zur Farbe als tierische Fasern. Das zeigt sich sofort, wenn man eine Baumwoll- und eine Seidenprobe nebeneinander färbt. Wird das Krapprot auf Seide stark und feurig, so hat Baumwolle nur das Altrosa. Die Indigoküpe ist allerdings eine Ausnahme; das Blau zieht immer stärker auf die Baumwolle.

Es wurde früher viel Kunst im Beizen darauf verwendet, die Färbeeigenschaften der Baumwolle zu verbessern. Die Türkischrotfärberei ist ein Beispiel, wie man die Faser durch ranzige Öle veränderte.

Baumwoll - Pflückmaschine

Stoffe im Handel

Am besten lassen sich einigermaßen rohe Baumwollgewebe färben, Nessel, Kattune, aber auch die feinen Batiste. Die Farbaufnahme wird da durch das Merzerisieren sogar noch verbessert. Ganz ungeeignet sind die mit Kunststoffen ausgerüsteten Stoffe und die heute immer mehr zunehmenden Mischgewebe mit Kunststoffen. Leider läßt sich aus der Stoffbezeichnung ''Schweizer Batist'' oder ''Seidenbatist'' gar nichts mehr über die Faserzusammensetzung entnehmen. Genauere Auskunft — meist auch als die Verkäuferin — gibt das Preisschild am Ballen.

Fast alle Baumwollgewebe sind mit einer Appretur geglättet, die man unbedingt herauskochen muß (Waschmaschine bei 95° C). Nessel wird dabei sehr viel heller und verliert einen Teil seiner Verunreinigungen.

37

Was ist das,
was morgens grün aufsteht,
mittags blau dasteht,
und abends weiß
zu Bette geht?

Das Leinen

Die Gewinnung des Leinens

Nur wenige Menschen werden aus eigener Anschauung noch die blau blühenden Flachsfelder, die
Ernte oder gar die Weiterverarbeitung kennen, wie
es früher zu einem bäuerlichen Betrieb gehörte. Die
selbstgesponnene und gewebte Leinenwäsche war
der Stolz der Hausfrauen. Heute ist Leinen selten
geworden. Die Hauptausfuhrländer sind die UdSSR,
Polen und Frankreich.

Leinen ist eine alte Textilfaser. Von Karl dem Großen wird berichtet, daß er mit Stolz Leinengewänder
trug und den Gesandten Harun al Raschids als Ge-
gengabe für ihre orientalischen Kostbarkeiten haus-
gewebtes Leinen überreichen ließ. In der Schweiz
fand man sogar in den Höhlen der Jungsteinzeit (ca.
2000 v. Christus) Reste von Leinenkleidung. Ägypter
des Alten Reiches trugen nur einen weißen Leinen-
schurz, Frauen ein hemdartiges Gewand. Im Altertum war Ägypten das Land des Flachsanbaues. Am
Königshofe wurde die Leinwand in den ''Silberhäusern'', der königlichen Schatzkammer, aufbewahrt.
Es war eine hohe Ehre für einen Ägypter, aus den
Silberhäusern die Leinwandbinden zu seiner Mumi-
fizierung geschenkt zu bekommen. Als Priesterge-
wand wurde das weiße lange Leinengewand bei den
Israeliten, den Isispriestern, in Rom getragen. Eine
Erinnerung daran hat sich in der Priesteralba erhalten.

Zerreißt man einen Flachsstengel, so schauen die
dünnen Flachsfasern heraus. Viel Arbeit braucht es,
bis diese Stengelfaser zum Spinnen bereitet ist. Sobald die Stengel vergilben, wird der Flachs gerauft
und durch Kämme geriffelt, um die Samen zu entfernen. Eigenartigerweise ist Lein wie Baumwolle
gleichzeitig eine Pflanze mit sehr ölhaltigen Samen.
Allerdings werden zur Leinölgewinnung andere

mehr verzweigte und samenreiche Sorten angebaut, die in heißeren Gegenden gedeihen. Die Flachsbündel werden dann geröstet. Man läßt sie einige Wochen in Tau und Regen oder legt sie in Wasser, bis die Stengel zu faulen beginnen. Dann wird gedörrt und beim Brechen das mürbe Holz zerkleinert und mit der Schwinge die Faser herausgeschlagen. In den Zähnen der Hechel werden dann die langen Fasern gereinigt und Werg herausgekämmt. In Locken wird der Flachs aufbewahrt und dann auf den Wokken gewickelt. Jetzt kann gesponnen, gewebt und gebleicht werden, bis das glänzende, edle Gewebe entsteht, das sich so glatt und kühl anfühlt, und man gleichsam mit den Fingerspitzen wahrnimmt, wie wenig ein solches Gewebe mit Farben zu tun haben möchte. Es läßt sich nur leicht verdunkeln durch Indigo, wird aber dabei nicht so schön blau wie Baumwolle.

Handelsqualitäten

Man kann Leinen zur Färberei nicht empfehlen, ebensowenig Halbleinen, bei dem die Kette aus Leinen besteht und der Schuß aus Baumwolle. Etwas mehr Glück hat man mit dem ''Gminder Linnen''. Da ist das Leinen ''kotonisiert'', das heißt baumwollähnlich gemacht durch Kochen in Seifen- oder Sodabädern. Die lange Stengelfaser löst sich dabei in kurze Teile auf und nimmt mehr den Charakter der Baumwolle an, mit der sie gemischt und versponnen wird.

Die verschiedenen Textilfasern

Natürliche Fasern
Tierische Fasern:
>Seide
>Wolle
>Haare von Kamel, Lama, Kaninchen usw.

Pflanzliche Fasern:
>Stengelfasern (Flachs, Hanf, Ramie, Jute)
>Blattfasern (Manilahanf, Sisalhanf)
>Fruchtfasern (Kapok, Kokos)
>Samenfasern (Baumwolle)

Mineralische Fasern:
>Metallfäden (Brokate)
>Asbest

Chemiefasern
Zellulosefasern:
>hergestellt aus pflanzlicher Zellulose, die auf-
>gelöst, in Fäden ausgezogen und wieder ge-
>fällt wurde:
>Kunstseide, Viscose
>Zellwolle
>Acetat, Triacetat
>Cupro

Synthesefasern:
>aufgebaut aus Grundstoffen, die aus Stein-
>kohle, Erdöl und Erdgas kommen.
>Polyamide (Perlon, Nylon)
>Polyacryl (Dralon, Orlon, Crylor)
>Polyester (Trevira, Diolen, Vestan, Tergal)
>Elasthan (Elastomer, Dorlestan, Lycra)

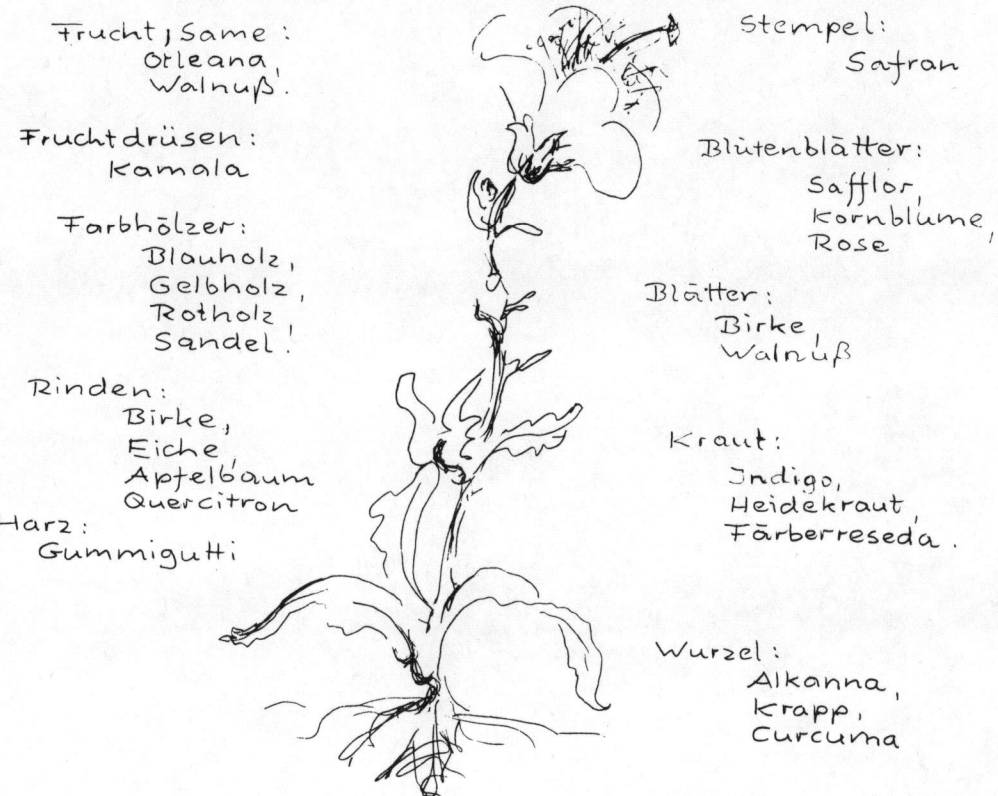

Frucht, Same:
  Orleana,
  Walnuß.

Fruchtdrüsen:
  Kamala

Farbhölzer:
  Blauholz,
  Gelbholz,
  Rotholz
  Sandel!

Rinden:
  Birke,
  Eiche
  Apfelbaum
  Quercitron

Harz:
  Gummigutti

Stempel:
  Safran

Blütenblätter:
  Safflor,
  Kornblume,
  Rose

Blätter:
  Birke
  Walnuß

Kraut:
  Indigo,
  Heidekraut,
  Färberreseda.

Wurzel:
  Alkanna,
  Krapp,
  Curcuma

Die Pflanzenwelt ist reich in ihren Möglichkeiten.
In allen Teilen der Pflanzen können Farben entstehen

Birke,
du schwankende, schlanke,
wiegend am blaßgrünen Hag,
lieblicher Gottesgedanke
vom dritten Schöpfungstag.

Börries v. Münchhausen

Die Färberpflanzen

Die Birke, Betula alba

In den norddeutschen Heidelandschaften, in Skandinavien, Nordrußland und Nordamerika tritt ein Baum immer mehr in Erscheinung, bis er schließlich hoch im Norden in Wäldern die ganze Landschaft beherrscht — die Birke. Wenn im Winter ihr weißer Stamm leuchtet und das fein verzweigte Astwerk im Winde weht, steht sie als eine jugendliche Gestalt zwischen winterharten Bäumen. Das aufbrechende Maigrün behält auch im Sommer immer etwas von seiner Zartheit; im Herbst die goldgelbe Krone und die im Winde verwehenden Samen — so wird dieser Baum in vielen Bräuchen als ein Licht- und Sonnenbaum geschätzt und geliebt.

Das Holz für Geräte; die zähe, nicht vermodernde Rinde für Dächer und Schuhe; die heilende und verjüngende Kraft von Blättern und Saft bei Verhärtungskrankheiten; die dämpfende Wirkung der Birkenrinde bei Hautkrankheiten; schließlich aus dem Holzteer Juchten zum Haltbarmachen von Leder und gar Wagenschmiere — so hat sich der Mensch in den kargen nordischen Ländern in vielfältiger Weise die Birke nutzbar gemacht.

> Die Birke hat vier gute Dinge:
> Licht (Fackeln aus Holz),
> erstickt die Schreie (Wagenschmiere),
> sie heilt die Kranken und reinigt sie.
> Russisches Sprichwort

Eines ist dabei vergessen: Sie gehört zu den alten Färberpflanzen im nordischen Bereich. Die Blätter geben ein sehr schönes, reines Gelb, die Rinde braune Töne.

Dies ist eine Färberpflanze zum Selbersammeln. Aber dann gilt es einiges zu beachten. Die Pflanzenwelt lebt in den Tagesrhythmen, entfaltet sich und vergeht im Jahreslauf. Jede Pflanze lebt im steigenden und fallenden Saftstrom, im dauernden Auf- und Umbau ihrer Stoffe. Das ist ihre Lebens-Tätigkeit. Alle angesammelten Stoffe werden auch wieder abgebaut und verwandelt. Bei unseren Nahrungspflanzen ist es uns klar, daß es auf die richtige Erntezeit und auf ein Erhalten dieses Zustandes für eine Weile ankommt. So ist es auch bei den Färberpflanzen. Die in den Blättern versteckte gelbe Farbe — es ist nicht die im Herbstlaub leuchtende — sammelt sich erst im Laufe des Frühlings an. Wenn um Johanni die Blätter fest und hart geworden sind, ist die rechte Erntezeit gekommen. Dann kann man die Blätter sammeln, im Schatten trocknen und lange Zeit aufbewahren. (Sammelzeiten siehe S. 69)

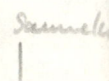

Krapp, Färberröte, Rubia tinctorum

Unscheinbar, von schlaffem Wuchs kriecht die Krapp-Pflanze über die Erde, mit ihren kleinen gelblichen Blütchen ähnlich dem Labkraut. Die Blattquirle am Stengel erinnern an den Waldmeister, der tatsächlich der einheimische Verwandte des aus dem vorderen Orient stammenden Krapp ist. Aber diese Pflanze, die sich nicht in schöner Gestalt, Blütenfülle oder Duft auslebt, sammelt all ihre Kraft in den meterlangen Wurzelstöcken. Um dieser Wurzelstöcke willen, die nach zwei Jahren anfangen zu verholzen und von da an geerntet werden können, gehört der Krapp zu den alten Kulturpflanzen der Menschheit. Im Altertum im Orient angebaut, im Capitulare de villis Karls des Großen zum Anbau in den Gärten der königlichen Meierhöfe empfohlen, überzog sie seit dem Mittelalter große Anbauflächen in Südfrankreich, Elsaß, Holland, Schlesien. Heute, nachdem der rote Farbstoff — das Alizerin — synthetisch hergestellt werden kann, gibt es noch kleine Anbaugebiete in Südfrankreich und Kleinasien. Man braucht nur noch wenig für besondere Farbtöne im Aquarell und für bestimmte Medikamente bei Erkrankungen der Niere und Blase.

Das Rot der Krappwurzel ist eine der schönsten und haltbarsten Pflanzenfarben. In Museen fällt bei alten Textilien unter verblaßten Farben immer wieder ein Rot von unübertrefflicher Schönheit und Leuchtkraft auf. In den meisten Fällen wird es sich um Krapprot handeln. Die Wollfärbung ist lange bekannt und geübt. In dem schon erwähnten Wikingergrab von Oseberg fand sich krappgefärbte Wolle. Allerdings auch das erforderte schon einige Kenntnisse der Färbetechniken. Krapprot ist ein Beizenfarbstoff, das heißt, das haltbare Hochrot erscheint nur auf einer vorher mit einer Beize — einer Metallsalzlösung — behandelten Faser. Bei Pflanzenfasern genügt das aber nicht für das Hochrot. Als durch die Kreuzzüge der Handel mit dem Orient stärker wurde, tauchten in Europa Baumwollgewebe auf mit einem leuchtenden, äußerst haltbaren Rot — Türkischrot. Lange blieb es ein Geheimnis der Türken, wie man Pflanzenfasern so färben konnte, nicht nur mit einem Krapprosa. Schließlich stellte es sich heraus als ein Verfahren von wahrhaft orientalischer Geduld. In der Mitte des 18. Jahrhunderts wurde die vereinfachte Türkischrotfärberei auch in Europa eingeführt. In Meyers Lexikon 1871 findet man noch den europäischen Arbeitsprozeß beschrieben mit ungefähr 40 Arbeitsgängen, die 26 Arbeitstage — also einen Monat — in Anspruch nahmen. Das eigentliche Geheimnis war, die Baumwolle mit einer Brühe von ranzigem Pflanzenöl und Pottasche zu behandeln, nach dieser Vorbereitung erst zu beizen und zu färben.

Der ganze Arbeitsgang sieht etwa so aus:

Mehrfache Behandlung mit ranzigem Öl,
Beizen mit Alaun und Kalksalzen,
Fixierung der Beizmittel,
Ausfärben in der Krapp-Flotte,
Trocknen,
Dämpfen,
kochendes Seifen,
Rasenbleiche,
Kleiebad.

So sieht man an diesem Beispiel, wie aus dem Orient eine hochentwickelte Färberkunst nach Europa kam und das Handwerk befruchtete und viel zu seiner Blüte beitrug. Allmählich aber lernte man die chemischen Zusammenhänge zu verstehen und zu vereinfachen und gewann daraus viele Kenntnisse vom Verhalten der Stoffe. In diesem Falle konnte man den ganzen heiklen Vorgang des Ölens vereinfachen durch ''Türkischrotöl'', ein mit Schwefelsäure behandeltes Öl, das dadurch in Wasser emulgierbar wird.

Indigofera tinctoria

Der Indigostrauch — Indigofera tinctoria

''König der Farbstoffe'', so wurde der herrliche, blaue Indigo genannt. Und in der Tat, in der Hand des Menschen hatte er das dramatische Schicksal eines Herrschers, der, von sagenumwobener Herkunft, die Erde erobert und doch plötzlich von einer neuen Zeit gestürzt wird.

Bei Plinius schon als eine hochgeschätzte Malerfarbe verzeichnet, hatte man noch lange die verschiedensten Vermutungen über die Herkunft dieser blauen, leichten und porösen Indigo-Stücke aus dem fernen Indien. Man versuchte, ''Indigo aus Felsen'' zu gewinnen — sicher eine Verwechslung mit einem Mineral. 1300 nach Christus beschrieb Marco Polo die Herstellung in Indien aus eigener Anschauung. Die Indienfahrer brachten später große Mengen mit nach Europa, und jetzt begann ein Kampf mit dem einheimischen Färberwaid, der in England, Frankreich und Thüringen angebaut wurde. Aber nichts konnte den Siegeszug des viel ergiebigeren Indigo aufhalten, keine Einfuhrverbote, Schwüre der Färber und die Verdächtigung des Indigo als "Teufelsfarbe". 1737 mußte er freigegeben werden und herrschte hochgeschätzt ob seiner Haltbarkeit und Schönheit — bis 1897 nach langen Vorarbeiten der synthetische Indigo in großen Mengen auf dem Markt erschien. Nach 10 Jahren war der Wettstreit entschieden. König Indigo war von der billigen Chemieware besiegt, und die Produktion ging von den Plantagen der englischen und holländischen Kolonien in Indien auf die deutschen Chemiefabriken über.

Die Gewinnung

Woher aber kamen diese Indigostücke, tief violettblau, leicht und porös wie feine Erde?

Nirgendwo an dem eineinhalb Meter hohen tropischen Strauch der Indigofera tinctoria mit ihren weißen oder rosenroten Schmetterlingsblüten ist etwas von blauer Farbe zu bemerken. Es ist ein merkwürdiges Phänomen, daß im allgemeinen nicht die Farben die besten Färbemittel sind, die uns die Natur wie die Blüten schenkt, sondern jene, wo der Mensch etwas Verborgenes in der Pflanze erst durch seine Kunst zur Erscheinung bringt. Das Krapprot entsteht aus einem Bräunlichgelb erst durch die Beize. Beim Indigo spielt der Luftsauerstoff eine wichtige Rolle. Was in der Pflanze als Vorstufe des Indigo farblos im Saftstrom fließt, wird an der Luft blau und scheidet sich ab. Dieser Vorgang der Oxydation wurde seit alter Zeit zur Gewinnung benutzt, wie die folgende Beschreibung der Ernte in Bengal zeigt.

"Für die Arbeit auf dem Feld kamen nur die männlichen Hindus in Frage. Sie schlugen die Stauden mit dem Buschmesser. Dabei war darauf zu achten, daß der Schlag nicht zu hoch und nicht zu tief geführt wurde. Lag der Schlag zu hoch, litt die Ausbeute. Ein zu tiefer Schlag verletzte die jungen Triebe, die bereits über der Wurzel standen. Von diesem Morgen an stand der Aufseher Tag für Tag von Sonnenaufgang bis Sonnenuntergang, das heißt von halb sechs Uhr morgens bis halb sieben Uhr abends, ohne eine Viertelstunde Unterbrechung auf dem Felde. Das Essen wurde ihm gebracht. Er aß stehend im Schatten einer Tamarinde. Das Thermometer zeigte über vierzig Grad. Das Wasser rann ihm von Stirn und Nacken. Aber es gab nur zwei Ernten im Jahr, und Ernte war Ernte. Er begleitete die Träger, wenn sie die gebündelten Stauden hinabtrugen zu den Bambusbaracken. Dort standen die Gärungsküpen, in die Erde eingemauerte Gruben. In diese Gruben wurden die Stauden geworfen und mit Wasser überdeckt. Nach wenigen Stunden begannen die Stauden im Wasser zu gären. Man erkannte die einsetzende Gärung daran, daß an den Blättern und Stengeln der Stauden sich feine Bläschen ansetzten, die sich allmählich lösten und in immer dichterer Folge an die Oberfläche stiegen. Mit der Zeit wurde die ganze Lauge lebendig. Es begann in der Flüssigkeit zu zischen, zu knirschen, zu sprudeln, zu schäumen. Die Gärung dauerte zwölf bis fünfzehn Stunden.

Der Betrieb ging Tag und Nacht. In dieser Zeit wich der Aufseher nicht von den Küpen. Er prüfte alle halbe Stunde den Geruch, den Geschmack und die Farbe der Flüssigkeit. Am Geruch und vor allem am Geschmack erkannte man am besten, wie weit der Prozeß gediehen war. Eine halbe Stunde zuviel konnte die ganze Ausbeute verderben. Endlich zeigte sich der erwartete blaue Schaum an der Ober-

Primitive Indigobereitung in Erdlöchern

fläche. Noch einmal wurden Geruch und Geschmack der gärenden Masse geprüft. Es kam dabei fast auf die Minute an. Dann gab er das Zeichen, und die Hindus zogen am Zapfen. Mit gurgelndem Ton schoß die gelbe Lauge in die tiefer gelegenen Schlagküpen, die in einer benachbarten Baracke aufgestellt waren. Dort warteten schon die Frauen und Mädchen der Hindus, lange Bambusstöcke in der Hand. Sowie die Lauge in den Küpen erschien, begannen sie die schillernde Lösung mit ihren Stöcken zu schlagen.

Sie peitschten die Lauge auf ihre eigene Art. Sie wußten, daß es darauf ankam, möglichst viel Luft unter die Flüssigkeit zu schlagen, und sie erreichten diesen Zweck dadurch, daß sie den Schwung ihrer Beine und Hüften auf Schultern und Arme und zuletzt auf den geschwungenen Bambusstock übertrugen. Sie peitschten die Lauge, bis sich der Farbstoff als blauflockige Masse abschied, die sich dann schnell und völlig am Boden der Küpe absetzte. Dann gab der Aufseher den Befehl, die schon längst

klar gewordene Flüssigkeit abzulassen. Das Peitschen hörte auf.

Der Schlammrückstand wurde in große Bottiche gebracht, mehrere Stunden mit Wasser gekocht und zuletzt wieder abfiltriert. Der zurückbleibende Indigobrei wurde ausgepreßt, in Stücke geschnitten, und endlich zum Trocknen in das Trockenhaus gebracht."[1]

Gelangten nun diese Indigostücke in die Hand des Färbers, so begann das Spiel mit dem Sauerstoff aufs neue. Die Färber nannten es "Verküpen". Durch Gärung, mit Hilfe verschiedenster Chemikalien wurde der Indigo zurückverwandelt in seinen wasserlöslichen und farblosen Zustand, er wurde verküpt. So wurden die Stoffe getränkt, und erst an der Luft entstand auf ihnen das haltbare Blau. Das schien an Zauberei zu grenzen, und noch bis heute hat sich in den sächsischen Leinenweber- und Färberdörfern die Redewendung erhalten vom "Hexen und blaufärben".

1 Karl Aloys Schenzinger, "Anilin", Berlin 1938   47

Wasserlöslicher Indigo oder Sächsisches Blau

Es gibt einen Indigo, den man leicht in Wasser auflösen und sofort darin färben kann. Der Indigo-Extrakt wurde mit konzentrierter Schwefelsäure behandelt und dabei so verändert, daß er wasserlöslich wird — eine Erfindung, die 1740 Barth in Großenhain machte. Diese Farbe hat nicht die Qualität des verküpten Indigo, wird auf Seide und Wolle aber recht schön, auf Baumwolle zieht sie schwer auf.

Zur Geschichte des Indigo

2000 vor Christus
    Mumien mit Indigogefärbten Bändern
13   bei Vitruv als Malerfarbe erwähnt. Verwendung auch in der Medizin bei Geschwüren. Nach dem Purpur die höchstgeschätzte Farbe
ca. 50 nach Christus
    Periplus, Segelhandbuch eines unbekannten Seemanns und Kauffahrers erwähnt Indigo-Export von der Indus-Mündung
1300 Marco Polo beschreibt Herstellung aus eigener Anschauung
    Der Anbau hat sich inzwischen ausgebreitet über Ostafrika, Madagaskar, Ägypten, Palästina bis Südspanien. Um 1300 gab es große Kulturen um Jericho
1516 Größere Mengen nach Europa eingeführt, zuerst über Venedig, dann durch die Holländisch-Ostindische Handelskompanie Konkurrenzkampf mit dem Färberwaid Einfuhrverbot unter Elisabeth von England
1577 Erstes Verbot in Deutschland (Frankfurt am Main)
1631 Holländische Kauffahrer bringen bei einer Fahrt 333 545 Pfd. Indigo von Batavia nach Holland
1654 Letztes Verbot. In Nürnberg mußte jeder Färber schwören, keinen Indigo zu verwenden. Bei Übertretung Todesstrafe
1737 Freigabe
1740 Barth in Großenhain macht Indigo mit konzentrierter Schwefelsäure wasserlöslich (Sächsisches Blau)
1750 Indigoerzeugung in Amerika
1834 Friedlieb Ferdinand Runge entdeckt das Anilin, die wissenschaftliche Grundlage für die ersten Teerfarben
1868 Adolf von Baeyer stellt die Strukturformel für Indigo auf
1880 Synthese ausgearbeitet
1890 Die Heumann-Synthese wird als bewährt weiter angewendet; in verbesserter Form bis zum heutigen Tage
1897 Synthetischer Indigo auf dem Markt

Färber-
waid
Isatis
tinctoria

Der Färberwaid, Isatis tinctoria

Er ist die alte einheimische Pflanze zum Blaufärben. Die Germanen färbten mit ihm ihre Gewänder, die Britannier vor dem Kampfe sogar Leib und Gesicht — zum Schrecken der Römer.

Durch das ganze Mittelalter waren die Waidfelder in Sachsen und Thüringen die Gold- und Silbergruben des Landes. Die zermahlenen Waidblätter wurden vergoren, zu einem Brei eingedickt und in Fässern verkauft. Der blaue Farbstoff im Waid ist chemisch der gleiche wie im Indigostrauch. Der Waid mußte zum Färben ebenfalls verküpt werden. Eine Pflanze in der gemäßigten Klimazone mit dem ausgeglichenen Rhythmus zwischen Tag und Nacht, Sommer und Winter, bildet ihre Farbkompositionen anders aus als eine Tropenpflanze, die in den starken Spannungen von Tropentag und -nacht lebt. Der Färberwaid hat eine etwas andere Farbnuance als der Indigo, und er enthält etwa die Hälfte an Farbstoff.

Die bedeutenden deutschen Handelsplätze waren Erfurt, Naumburg und Meißen, und die Verbindungen reichten bis Flandern, dem Zentrum der mittel-alterlichen Tuchmacherei, und nach England. Als die Thüringer Waidjunker den Kampf gegen den ergiebigeren Indigo aufnahmen, waren sie reich und besaßen großen Einfluß. Und doch konnten sie die Entwicklung nicht aufhalten; im 17. Jahrhundert verlor der Anbau in Europa vollständig seine Bedeutung. Der neu erschlossene Indienhandel machte seine Wirkung im allgemeinen Wirtschaftsleben geltend.

Fragen des Anbaues

Den Färberwaid überhaupt zu erwähnen, wäre nur von geschichtlichem Interesse — wenn er nicht die einzige Pflanze zum Blaufärben wäre, die man auch heute noch bei uns anbauen kann. Vielleicht wird mancher Freund der Pflanzenfärberei, der keinen Indigo mehr im Handel auftreiben kann, auf diesen Ausweg verfallen. In alten Büchern findet man Anleitung zum Anbau (siehe Literatur: F. Betzhold).

Es ist durchaus möglich, in Schulgärten Färberpflanzen wie Waid, Färberreseda, Krapp anzubauen, mit den Schülern weiter zu verarbeiten und schließlich zu färben, Wolle zu verspinnen und zu verweben oder selbstgefärbte Stoffe weiterzuverarbeiten. Das ist ein vollständiges Kapitel der Lebenskunde, das mit gut überschaubaren Tätigkeiten beginnt, vielfältige Beziehungen hat zu Pflanzenkunde und Gartenbau, Chemie, Handarbeit, Technologie (Bau einer Mühle zum Zermahlen der Waidblätter), Wirtschaftskunde und Geschichte und auf das die Betrachtung der modernen chemischen Industrie und der Textilindustrie aufgebaut werden kann. Hier liegt eine Möglichkeit, exemplarisch den Übergang zu finden von der eigenen Tätigkeit zur modernen arbeitsteiligen Wirtschaft und zur Technik.

49

Die Farbhölzer

Es gibt Bäume, die im Kernholz wasserlösliche Farbstoffe ablagern, so reichlich und von solcher Pracht, wie man es sich nur bei tropischen Gewächsen vorstellen kann. Bis auf wenige Ausnahmen kommen diese Farbhölzer aus den tropischen Urwäldern.

Der Handel mit Tropenhölzern hat bis in unsere Zeit etwas Abenteuerliches behalten. Man denke an unsere Überseehäfen, wo unter lautem Geschrei und Befehlsrufen mit riesigen Kränen die mächtigen Stämme vom Schiff an den Kai gehoben werden; Häfen in Afrika oder Südamerika, wo die Baumstämme auf breiten Flüssen aus dem Landesinneren herangeflößt oder auf Lasttieren mühsam herangeschleppt werden müssen; und schließlich der wuchernde Urwald, in den der Mensch sich mühsam Wege bahnt, um überhaupt die wenigen Edelhölzer fällen zu können. Viel Wald muß dabei zerstört werden — aber nach kurzer Zeit ist alles wieder zugewachsen.

Blauholzbaum, Haematoxylon campechianum

gehört wie der Rotholzbaum zur Familie der Leguminosen. Das Holz wird erst an der Luft rot, dann allmählich schwarz und bekommt ein grünes Schillern, darum wird es auch Blutholz oder Luftholz genannt.

Auch das Blauholz ist mit der Eroberung Amerikas verbunden. Die Spanier fanden es zuerst in der Bai von Campeche und begannen einen blühenden Handel mit Europa. Der zog die Aufmerksamkeit der Engländer auf sich, die sich auf Jamaika niedergelassen hatten. Zunächst begannen Kaperkriege und Raubzüge auf die spanischen Blauholzvorkommen. Dann wurden unter Umgehung des spanischen Monopols auf den Westindischen Inseln und in Honduras Plantagen angelegt. Nach einem verlorenen Krieg gegen die Engländer mußten sich die Spanier dazu bequemen, auch den Blauholzhandel freizugeben. Allerdings blieb jenes Holz aus der Bai von Campeche das beste, und diesen Namen hat das Blauholz im Handel behalten: Campecheholz.

Visetholz

Der Perückenstrauch, Cotinus coccygia, gehört zur Kalk und Trockenheit liebenden Mittelmeerflora. Griechenland war Hauptlieferant; am thessalischen Olymp findet man diesen Strauch oft bis zu einer Höhe von 600 m über dem Meeresspiegel. In der Seiden- und Wollfärberei verwendet man Visetholz für starke goldgelbe, braune und orange Töne.

Gelbholz oder echter Fustik

Der Färbermaulbeerbaum, Morus tinctoria, wächst in Brasilien, Argentinien, Mittelamerika, Westindien, auf den Antillen und in wärmeren Gegenden Nordamerikas. Auch in Südeuropa wurde er angepflanzt, hat aber dann bedeutend weniger Farbstoff. Dieses nicht ganz reine Gelb war früher eine billige Baumwollfarbe, bei Wolle wurde es auch für Mischfarben verwendet, zum Beispiel für Grün und Braun.

Sandelholz, Pterocarpus Santalis

Neben dem bekannten starkduftenden Sandelholz gibt es eines, das rote Farbstoffe enthält, heimisch in Ostindien, Ceylon und Timor. Nach alten Einteilungen rechnet man das rote Sandelholz zu den Rothölzern, obwohl es einer ganz anderen Pflanzengattung angehört. Im Gegensatz zum Fernambukholz war das ein ''unlösliches Rotholz'', das heißt der Farbstoff ist nur in Alkohol löslich. Solche Unterscheidungen stammen noch aus dem Mittelalter, wo man überhaupt erst die großen Verschiedenheiten der orientalischen ''Rothölzer'' kennenlernte. Eine ganze Reihe von Handelsbezeichnungen, die heute ganz unverständlich sind, haben sich so vom Mittelalter bis in unsere Zeit erhalten.

Holz-fällen in Brasilien

Noch heute wird das Sandelholz in indischen Monsunwäldern angepflanzt. Die außerordentlich edlen bräunlich-roten Farben werden zwar kaum noch zum Färben verwendet, in der Kosmetik weiß sie die Inderin noch heute zu schätzen. Mancher Hausfrau sind sie noch zum Färben von Speisen bekannt.

Das Rotholz

stammt in der Hauptsache von Caesalpinia Sappan, Bäumen, die in Hinter- und Ostindien und Südamerika heimisch sind. Im Mittelalter tauchte das Rotholz im Orienthandel auf und begeisterte die Färber wegen seiner hohen Farbstoffkonzentration und leuchtenden Farbe, die sogar den berühmten Krapp übertraf. Dieser einzigartigen Farbe wegen nahm man auch die geringere Echtheit in Kauf. Das Holz wurde Brasilholz (von braza = fränkisch Brand) genannt. Als im Jahre 1500 die Spanier an der Ostküste Südamerikas landeten, fanden sie reiche Vorkommen von Brasilholz — und nannten jenes Land Brasil-

51

holzland, Brasilien. Später entdeckte man in diesen Urwäldern einen Baum, Caesalpinia crista, der noch reichlicher Farbstoff führte, nach dem Ausfuhrhafen Fernambukholz genannt. Bis heute sind die besten Färberdrogen unter diesem Namen im Handel: Fernambukholz und Brasilholz.

Quercitron

sei der Vollständigkeit halber erwähnt. Diese Farbdroge stammt nicht aus dem Holz, sondern ist die gemahlene Rinde der nordamerikanischen Färbereiche, Quercus tinctoria. Man kann damit reine, leuchtende Gelbtöne erzielen.

All diese Farben zeichnen sich aus durch Stärke und Leuchtkraft. Aber sie erreichen nicht die Haltbarkeit und Lichtechtheit von Krapp und Indigo. Und doch waren sie in der Farbenskala unentbehrlich. Mit keiner anderen Pflanze — wenn man nicht mit Kermes und Cochenille färben will — ist auf Seide und Wolle jenes Rotholz-Hochrot zu erreichen, das Goethe purpur nennt, oder ein blütenzartes Rosa; denn Krapp wird feuerrot, gelbstichig. Für lila und violett bis zum schwarz braucht man Blauholz.

Extrakte

Es ist zu befürchten, daß der Überseehandel mit Farbhölzern immer mehr abnimmt. Darum sei auf eine Möglichkeit der Färberei aufmerksam gemacht, die schon aus der Übergangszeit zur fabrikmäßigen Färberei stammt — die Farbenextrakte.

Es handelt sich dabei um die eingedickten oder gar getrockneten Auszüge aus den Farbhölzern, die man im Wasser wieder zur Farbflotte auflösen kann. Gewiß ist das eine schon weitgehend technisierte und vereinfachte Form der Pflanzenfärberei, mit der man meistens auch nicht die ursprüngliche Schönheit erreicht. Es sei aber auf sie aufmerksam gemacht, weil vielleicht die Entwicklungsländer immer weniger Farbhölzer exportieren, dafür aber die in eigener Produktion hergestellten Farbextrakte.

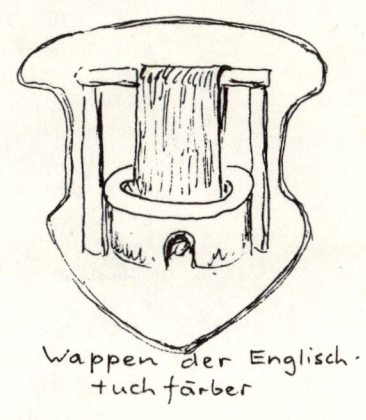

Wappen der Englisch.
tuch färber

Stationäre Völker behandeln ihre Technik mit Religion.
Ihre Vorarbeit und Vorbereitung der Stoffe
ist höchst reinlich und genau, die Bearbeitung
stufenweise sehr umständlich. Sie gehen mit
einer Art von Naturlangsamkeit zu Werke.
dadurch bringen sie Fabrikate hervor, welche
bildungsfähigern, schnell voranschreitenden
Nationen unnachahmlich sind.

Goethe, Farbenlehre

Die Färbetechnik

Wenn wir die großen Kulturleistungen der alten Völker in der Textilkunst auch bewundern, so bleiben sie uns doch unnachahmlich. In Indonesien hat man für die Herstellung eines einzigen Sarong oft Jahre gebraucht und im geduldigen Legen einer Färbung über die andere eine Schönheit hervorgebracht, die das menschliche Auge sonst nicht erleben kann. Mir wurde berichtet, daß nach der Geburt einer Fürstentochter schon begonnen wurde mit dem Batiken des Hochzeitsgewandes. Für uns hat die Kleidung nicht mehr eine solche Bedeutung, daß wir soviel Zeit darauf verwenden wollten — aber vielleicht ist uns überhaupt am wenigsten nachahmlich diese Treue zu einem Arbeitsstück.

Aber der Faden der Hausfärberei läßt sich wieder aufnehmen. So wie eine germanische Hausfrau sich einige Kenntnis der Färbertechnik verschaffte, aus der Umgebung Pflanzen holte und sich in der Küche nach geeigneten Geräten umsah, so wollen die folgenden Rezepte nichts anderes vermitteln als einige Grundtatsachen und eine Möglichkeit, auf einfache Weise zum Ziel zu kommen. Alle Versuche gingen immer wieder von der Frage aus: Wie kann man auf einfachste Weise zu schönen Färbereien kommen? Und siehe da, die Sache selbst wurde beredt, durch Erfolge und Mißerfolge wurde man belehrt über mancherlei Zusammenhänge. Die Pflanzen und Stoffe lernte man in ihren verschiedenen Qualitäten kennen. Wenn alte Völker ''ihre Technik mit Religion'' behandelten, so kann für uns eine Arbeit mit Aufmerksamkeit und Liebe die Naturstoffe wieder zum Sprechen bringen, so daß sie uns viel von ihren Geheimnissen verraten — Kenntnisse und Fähigkeiten, die uns kein Buch überliefern kann.

Die Geräte

Folgende Geräte braucht man zum Färben:
Kochtopf,
Eimer oder Waschschüsseln,
Küchenwaage,
großes Sieb (kein Eisen),
Holzlöffel oder Stock für jede Farbe.
Bei allen Handhabungen ist zu beachten, daß Pflanzenfarben durch Metalle sich verändern können. Das gilt besonders von Kupfer und Eisen, welche die Farbe stark abdunkeln. Dies ist wichtig für Geräte, aber auch für alle Metallteile, an die nasse gebeizte oder gefärbte Stoffe kommen. Die meist verchromten Waschbeckenarmaturen sind ungefährlich.

Kochtopf: Am günstigsten ist ein emaillierter Kochtopf ohne abgestoßene Stellen. Er ist auch am leichtesten zu reinigen. Am Aluminiumtopf setzt sich nach einiger Zeit ein Farblack an, der gelegentlich an streifigen Färbungen schuld sein kann. Er muß mit Chemikalien (Soda) gereinigt werden. Kupfertöpfe hat man früher in Schweden viel benutzt; es werden alle Farben nach braun gebrochen. Eisentöpfe brauchte man gelegentlich für Schwarzfärbungen.
Die Größe des Topfes sollte so gewählt werden, daß der Stoff locker in der Flotte liegt und leicht bewegt werden kann. Zum Beispiel kann man in einem 25-l-Topf gut 10 l Flotte auskochen, dann darin 10 m Pongéseide in 2 Partien oder 3 - 4 m Bouretteseide färben. Will man nicht heiß färben, kann man natürlich auch die Farbdrogen konzentriert in einem kleinen Topf kochen, dann in einen Eimer schütten und auf die entsprechende Menge verdünnen.

Eimer zum Waschen, Spülen, Beizen, für eine kalte Färbung usw. sollten aus unbeschädigtem Email oder — als einer billigen Notlösung — aus Plastik sein. Ebenso Waschschüsseln.

Waage: Zum Abwiegen von Beizen, Farbdrogen usw. genügt eine Küchenwaage oder ein Meßbecher, den man sich selbst geeicht hat. (Einmal die Menge auf der Küchenwaage abwiegen, im Joghurtbecher oder ähnlichem 3 mal auf den Tisch stoßen und am Rand markieren.) Nur für die Indigoküpe ist ein genaueres Abwiegen auf der Briefwaage nötig.

Sieb: Zum Abfiltrieren der ausgekochten Pflanzenrückstände genügt ein großes Küchensieb. Die Indigoküpe oder angerührte Extrakte filtriert man besser durch ein Tuch.

Materialien zum Färben

Das Wasser ist von großer Wichtigkeit. Zum Beizen und Waschen kann ohne weiteres das gewöhnliche Leitungswasser genommen werden.

Alle Farbflotten außer der Indigoküpe sind in den Versuchen mit Leitungswasser gemacht worden. Die Ergebnisse waren gut; wenn auch gesagt werden muß, daß der übliche Chlorgehalt, zum Teil auch der Kalk, nicht gerade günstig sind. Bei der Krappwurzel ist allerdings ein gewisser Kalkgehalt sogar erwünscht; fehlte er im Wasser, wurde er früher zugegeben. Bei Blauholz wird mit Regenwasser das Violett reiner. Von unserem Regenwasser muß allerdings erst der Ölruß abfiltriert werden. Quellwasser darf nicht eisenhaltig sein. Für die Indigoküpe nimmt man Regenwasser oder demineralisiertes (destilliertes) Wasser, sonst setzt sich immer etwas Indigoschlamm ab.

Die Beizen sind Auflösungen von Metallsalz, die man in der Apotheke oder Chemikalienhandlung bekommt. Man nimmt den Reinheitsgrad ''reinst'' oder die in den Apotheken übliche DAB-Ware (Reinheit nach Vorschrift des Deutschen Arzneimittel-Buches). Analysenreine Chemikalien sind nicht nötig und sehr viel teurer.

Die Färberpflanzen sind entweder selbst gesammelt oder in der Apotheke oder Drogerie als Farbdroge oder Tee gekauft. Frische Blätter sollte man antrocknen, die Farbe läßt sich dann besser auskochen.

Eine ausführliche Liste mit den üblichen Handelsbezeichnungen befindet sich am Schluß des Buches.

Der Arbeitsvorgang

1. Stoffe vorbereiten, waschen
2. Beizen und spülen
3. Farbdrogen auskochen und filtrieren
4. Färben in der Flotte
5. Auswaschen
6. Ausnutzung und Aufbewahrung der Farbflotten

1. Vorbereitung, Waschen

Alles Färbegut sollte vor dem Färben gewaschen werden. Bei Pongéseiden, Lampenschirmseiden, Chiffon, überhaupt bei allen leichten Seiden- und Wollstoffen genügt ein leichtes Durchwaschen und Spülen. Naturseiden, Bouretteseiden, Rohseiden enthalten noch den Seidenbast, der die Farbe abstößt. Sie müssen heiß und gründlich gewaschen werden. Rohwolle muß ebenfalls heiß gewaschen werden, um das Wollfett zu entfernen.

Gekaufte Rohwolle, Kammzüge fühlen sich meist rauh an, ein Zeichen, daß das Wollfett schon entfernt wurde.

Baumwollstoffe enthalten Appreturen, die beim Heißwaschen (Waschmaschine 95°) herausgehen.

Nessel wird beim Kochen heller und weicher und nimmt die Farbe besser an.

Waschmittel: Soda, Seife und Ammoniak greifen Seide und Wolle an, auf der Faser bildet sich Kalkseife, die das gleichmäßige Aufziehen der Farbe behindern kann. Moderne Waschmittel haben diese Nachteile nicht. Allerdings sollte man ein Feinwaschmittel wählen ohne Weißmacher oder optische Aufheller. Optische Aufheller sind Stoffe, die sich an die Faser setzen, bläulich im Licht strahlen und so den Eindruck "strahlend weißer Wäsche" erwecken. Dies stört das Leuchten der Pflanzenfarben erheblich. Gegen die Bleichmittel in den sogenannten "starken Vollwaschmitteln" sind die Pflanzenfarben wie alle Farben empfindlich.

2. Das Beizen

Nach ihrem Färbeverhalten lassen sich die Farben in zwei Gruppen unterscheiden:

direktziehende Farben,

Beizenfarben.

Indigo, Walnuß, Flechten, Orleana können sich sofort mit der Faser verbinden, sie werden leuchtend und haltbar, das heißt sie sind direktziehend.

Die meisten Farben jedoch lassen sich nur mit Hilfsmitteln auf der Faser festhalten. Seit alter Zeit benutzt man dazu die Beizen. Das sind Metallsalze wie Alaun (Kalium-Aluminiumsulfat), Kupfersulfat oder Zinnchlorid, die mit der Faser eine chemische Verbindung eingehen, und daran kann sich der Farbstoff binden. Er wird dadurch haltbar gemacht und bekommt seine endgültige Farbe.

Bis heute sind die geheimnisvollen Zusammenhänge chemisch nicht völlig geklärt, die es möglich machen, flüchtige Pflanzenfarben an die Faser zu binden und überhaupt erst die Farben erscheinen zu lassen, die in der Pflanze gar nicht sichtbar sind. Viele alte Vorschriften beziehen sich darauf: die Behandlung mit ranzigem Öl, mit Gerbstoffen, Wärme und Kälte, Art der Trocknung, die Zeit, alles hat einen Einfluß. Oft wird das Beizen gar nicht erwähnt, es gehörte mit zum Waschvorgang; denn Aschenlauge ist bereits eine Beize. Man hat auch

salzhaltige Pflanzen benutzt wie Bärlapp, Sauerampfer und Vogelknöterich.

Legt man Seide in ein Alaunbad, nimmt sie nach einiger Zeit heraus und spült, so bemerkt man, daß das Spülwasser sich etwas trübt. Die Alaunlösung hat sich in den Seidenfäden verwandelt, es ist ganz neu Tonerde entstanden, Rückstände dieser chemischen Reaktion werden herausgespült. Tonerde hat ein besonders gutes Verhältnis zur Farbe (Saphir und Rubin sind kristallisierte Tonerde). Die Farben werden hell, klar und leuchtend. Kupfersulfat-Beizen brechen die meisten Farben ins Bräunlich-dunkle oder Grünliche. Allerdings verbessern sie in einigen Fällen auch die Lichtechtheit. Eisensulfat-Beizen wandeln alle Farben ins Braun-Schwarze ab, Zinnchlorid hellt die Farben auf. Die Chromkali-Beizen liefern sehr echte Farben von überraschenden Tönungen. Sie sind aber nicht unbedenklich in der Anwendung, Chrom ist giftig.

Durch die Beizen hat man bei einer Auswahl von wenigen Farben unendliche Verwandlungsmöglichkeiten. Man kann auch nach einer Alaunbeize und Färbung mit Beizlösungen nachbehandeln. Das gibt oft so überraschende Veränderungen, daß es sich lohnt, mit Wollflöckchen, Seiden- und Baumwolläppchen alle Möglichkeiten durchzuprobieren und die Muster gut bezeichnet aufzubewahren. So gewinnt man schnell einen Überblick über die verschiedenen Möglichkeiten.

Technik des Beizens

Dünne Stoffe: Man bereitet sich eine 1 %ige Alaunlösung, das heißt 100 g Alaun auf 1 Eimer (10 l) heißes Leitungswasser und rührt solange mit dem Holzlöffel um, bis alles aufgelöst ist. Dann legt man soviel durchgefeuchteten Stoff in den Eimer, daß er noch locker liegt, tunkt unter und bewegt ab und zu mit dem Holzlöffel, zuerst mehr, dann weniger.

Nach 15 Minuten wird der Stoff herausgenommen und gespült und ist dann fertig zum Färben.

Die Beize ist dann erschöpft und wird weggegossen. Beizt man nacheinander kleinere Stücke, sollte die Beize nach ca. 10 m Stoff verworfen werden.

Dicke Seiden, Bouretteseide, Wolle, Nessel, Halbleinen usw.: Alaunlösung 2% (200 g auf 10 l), Beizdauer 30 Minuten. Bei dickeren Stoffen ist es besonders wichtig, daß sie gut durchgefeuchtet, gleich nach der Wäsche eingebracht und sorgfältig bewegt werden.

Werden dicke Stoffe nicht durchgefärbt, kann man die Wirkung der Beize verstärken, indem man das Zeug ausgewrungen in nassen Tüchern einen Tag liegen läßt.

Am einfachsten probiert man die Wirkung der Beize an einer Probe aus, notfalls verbessert man eine mangelhafte Färbung durch nochmaliges gründliches Beizen, Färben usw.

Weiterbehandlung: Die Stoffe können nach dem Beizen und Spülen gleich gefärbt werden. Einige Stunden kann man sie auch noch in der Beize liegenlassen. Nach Trocknen auf der Leine entstehen beim Färben manchmal Streifen oder Flecken. Es ist besser, gebeizte Stoffe naß in Tücher gerollt aufzubewahren oder geschleudert trockenzubügeln.

Besonderheiten der Kupferbeize:
50 g Kupfersulfat auf 10 l Wasser. Beizdauer 15 Minuten.

Kupfer zieht schnell und stark auf die Faser, färbt sie leicht grünlich und kann sie später brüchig machen. Darum mit Vorsicht verwenden. Kupfersulfat trübt sich sofort im Wasser und muß mit Essigzusatz geklärt werden.

Besonderheiten der Zinnbeize
50 g Zinnchlorid auf 10 l Wasser. Beizdauer 15 bzw. 30 Minuten.
Die Zinnbeize muß ebenfalls mit Essig geklärt werden.

Die Einbadfärbung: In manchen Rezepten wird die Beize in der Farbflotte gelöst und in einem Bad gebeizt und gefärbt. Das ist im allgemeinen nicht zu empfehlen. Es spielen sich in der Farbflotte eine Menge chemischer Prozesse ab; unter Umständen hält gerade die unverbrauchte Beize den Farbstoff in Lösung und verhindert ihn, auf den Stoff aufzuziehen. Färbt man mehrere Stücke hintereinander, so werden die Verhältnisse zwischen Beize und Farbstoff ganz unübersichtlich. Eine solche Farbflotte kann man nicht länger aufbewahren, ohne daß sich größere Niederschläge an Farbe bilden.

3. Bereiten der Farbflotte

Die Farbdrogen werden einen Tag eingeweicht, dann im Färbertopf mit der entsprechenden Menge Wasser 1 Stunde ausgekocht.
Nur Krappwurzel wird innerhalb einer Stunde bis zum Aufkochen gebracht.

Die Menge der Farbdrogen
Dünne Stoffe: Man nimmt 1 - 2% Drogen (100 - 200 g auf 10 l), Rotholz und Blauholz die Hälfte 0,5%
Krappwurzel 5% (am ergiebigsten als Pulver, notfalls Stücke in der Kaffeemühle gemahlen).

Dicke Stoffe: Doppelte Mengen.
In dieser Flotte kann man 6 - 10 m Stoff färben.

Abfiltrieren der ausgekochten Farbdrogen
Farbhölzer sind auf jeden Fall aus der Flotte zu entfernen, es besteht Fleckengefahr. Es genügt wie bei Blättern und Rinden das Gießen durch ein Küchensieb. Aufgelöste Extrakte filtriert man besser durch ein Tuch, weil kleinste Farbpartikelchen Flecken verursachen, die Indigo-Stammküpe ebenfalls.
Die Krappwurzel ist sehr viel ergiebiger, wenn man sie in der Flotte läßt. Es wird dann immer wieder rote Farbe an die Flüssigkeit abgegeben. Aus der Rohwolle ist allerdings die gepulverte Wurzel kaum herauszubekommen. Eine Notlösung ist, die abfiltrierte Krappwurzel in einem Säckchen wieder in die Flotte zu hängen.

4. Das Färben

Temperatur: Im allgemeinen empfiehlt es sich, nicht kochend zu färben, die Farbtöne werden dunkler und unansehnlicher. Hat man zum Beispiel Birkenblätter ausgekocht, über ein Sieb in einen Eimer gegossen, so kann man gleich heiß färben — es entsteht ein etwas grünliches, starkes Gelb. Abgekühlt erhält man ein reines Gelb.
Blauholz und Rotholz färbt man am besten kalt. Sie verlieren ihre Schönheit über 60°.
Allein Krappwurzel wird bei 80° C (gerade unter dem Kochen) gefärbt, weil man sonst die volle Farbtiefe des Rots nicht erreicht.
Dies gilt für Seide, Wolle und Baumwolle.

Der Färbevorgang: Das gut durchgefeuchtete Färbegut wird in der Flotte untergetaucht und vorsichtig bewegt. Wie in der Beize soll der Stoff locker liegen.

Zeit: Man färbt dünne Stoffe ca. 15 Minuten, dicke 20 - 30 Minuten. Dies ist nur als Richtwert zu nehmen. Alle Variationen zwischen eintauchen und tagelangem Liegenlassen sind möglich. Allerdings braucht die Farbe etwas Zeit, um überhaupt zu erscheinen und sich an die Faser zu binden.
Um abzuschätzen, welchen Ton der trockene Stoff haben wird, spült man einen Zipfel und stellt sich die Aufhellung ähnlich vor wie beim nassen und trockenen Aquarell. Genauer erfährt man's durch ein mitgefärbtes Probeläppchen, das man schnell trockenbügelt.
Allgemein ist zu sagen, daß eine Färbung echter wird, wenn längere Zeit in einer schwächeren Flotte als allzu kurz in einer starken gefärbt wird.

Anregung: Es lohnen sich die Versuche mit Seiden-, Baumwoll- und Wollproben, welche Nuancen sich beim Färben zwischen heiß und kalt erreichen lassen; oder bei der ersten, zweiten usw. Färbung. Pflanzenfarben haben einen großen Nuancenreichtum, weil sie Farbkompositionen sind, bei denen nicht alle Töne gleich aufziehen. Mit Indigo kann man von einem rotstichigen Blau über Preußischblau bis zu einem Meergrün färben. So kann man Entdeckungen machen, und mit einiger Erfahrung wird man aus einigen Pflanzenfarben eine ganze Farbwelt hervorzaubern können.

5. Auswaschen und Trocknen

Ist die Färbung beendet, wird das Zeug ausgedrückt, gut gespült und anschließend handwarm gewaschen. Für größere Baumwollstücke kann natürlich wieder die Waschmaschine benutzt werden. Besonders für Seide und Wolle ist im letzten Spülwasser etwas Essig gut.

Beim Trocknen und Bügeln sind keine besonderen Vorsichtsmaßnahmen mehr nötig. Nur Rotholz- und Blauholz-Färbungen bekommen beim langen Hängen auf der Leine gelegentlich bläuliche Streifen. Es empfiehlt sich, diese Stoffe zu schleudern und sofort trockenzubügeln.

Jedes weitere Waschen kann in der gleichen Weise gemacht werden. Nur Rotholz blutet immer etwas aus. Diese Farbe ist als nicht sehr echt bekannt. Man nimmt sie aber immer wieder ihrer einzigartig schönen Tönungen wegen und behandelt sie entsprechend vorsichtig. Gute Stücke kann man in Waschbenzin reinigen.

Schweißflecke behandelt man auf folgende Weise: Stoff in Essigwasser legen. Meistens regeneriert sich die Farbe, dann kann gewaschen werden. Sofort gewaschen, wird die Farbe herausgespült und der Fleck bleibt.

Entfärben: Auf eine Möglichkeit soll aufmerksam gemacht werden, die allerdings auch mißlingen kann. Man kann Stoffe entfärben mit den üblichen Entfärbern und dann mit Pflanzenfarben neu färben. Man muß sich genau an die Vorschriften halten. Diese Methode wurde mit Erfolg bei Eurythmieschleiern (Chiffonseide) angewendet.

Genähte Sachen: Bei ihnen besteht immer die Gefahr einer ungleichen Färbung, weil Stofflagen in Beize und Farbflotte eng aneinandergedrückt sind. Besonders wichtig ist das sorgfältige Bewegen in Beize und Flotte.

6. Ausnutzung und Aufbewahrung der Farbflotten

Aus 10 l Farbflotte kann man 6 - 10 m dünnen Stoff färben. Dies kann mit einmal geschehen. Dann wird höchstens durch Erwärmen der Flotte noch die zarte Tönung eines kleinen Stückes möglich sein.

Will man nacheinander färben, kann man die Flotten an einem kühlen Ort aufheben. Bei Birkenblättern, Heidekraut, Krappwurzel ist das monatelang möglich. Schimmelrasen werden einfach abgehoben. Rot- und Blauholz verändern die Farben nach grau. Bei Rotholz beginnt das schon nach 2 Tagen. Die Farbveränderung läßt sich durch die Zugabe von einem Löffel Zucker um eine Woche hinauszögern.

Die Indigo-Küpe

Die Blaufärber nahmen in den alten Färberzünften immer eine Sonderstellung ein. Sie verstanden die Kunst, mit verschiedensten chemischen Prozessen so umzugehen, daß dabei die Indigostücke sich auflösten, die Küpe farblos wurde und erst das gefärbte Zeug an der Luft langsam wieder die blaue Farbe annahm. Der Begriff "Blauer Montag" soll von den Blaufärbern stammen. Über Sonntag wurde das Zeug in der Küpe liegengelassen und montags zum Bläuen an die Luft gehängt — ein ruhiger "blauer Montag" für die Färbergesellen.

Alle Verküpungsverfahren haben den einen Zweck, Indigo, der ja erst durch Luftsauerstoff zu einem blauen, wasserunlöslichen Pulver geworden war, wieder in den ursprünglichen Zustand zurückzuversetzen, ihm den Sauerstoff wieder zu entreißen. Wir nennen das heute Reduktion und haben in einem Labor die verschiedensten Reduktionsmittel zur Verfügung.

Gärungsküpe: Früher benutzte man die Gärungsvorgänge von Substanzen, die Zucker oder Stärke enthalten, wie Kleie, Brot, Reis, verschiedene Früchte. Dazu kam ein Zusatz von Alkalien, wie Kalk, Holzasche, Soda, Mist oder Urin. Die einfachste Gärungsküpe wurde mir von Indios in Guatemala geschildert. Die Pflanzen wurden gemäht, in eine Regentonne gestopft. In der Wärme fing bald eine Gärung an, und es konnte in der Brühe gefärbt werden. Eine etwas kompliziertere Technik haben die Neger am Tschadsee. Dort wird eine indigoführende Pflanze angebaut, die jungen Zweige zu Brei zerstoßen und zu Zylindern gepreßt und aufbe-

wahrt. Nach Bedarf werden in den Färbergruben, die bis zu 1500 l fassen, 15 bis 20 kg dieser Masse zum Gären gebracht. Die Gärung tritt in dieser Hitze und durch die Pflanzenteile der Farbmasse schnell ein. Auch bei der schwachen Farbkonzentration wird durch langes und häufiges Färben ein Dunkelblau erreicht.

Wie bei Wein und dem Hefeteig braucht der ganze Prozeß seine Zeit und muß durch Zusätze und Temperatur sorgfältig geleitet werden.

Urinküpe: Neben den beschriebenen Gärungsküpen gebräuchlich, bei denen menschlicher Urin als Alkali und gleichzeitig als Gärungsmittel benutzt wurde. Diese Methoden brachten schon im alten Ägypten die Blaufärber in einen schlechten Geruch. "Des Färbers Finger stinken nach dem Geruch verdorbener Fische" heißt es in einem alten Papyrus.

Küpen mit Reduktionsmitteln: Im 18./19. Jahrhundert fing man an, die Reduktion durch chemische Prozesse zustandezubringen. Man benutzte Zinkstaub und Kalk oder Eisenvitriol und Kalk.

Mit Einführung des synthetischen Indigo bemühte sich die chemische Industrie, die Verküpung durch wirksamere Reduktionsmittel zu vereinfachen. Schließlich kam man auf die Salze der schwefligen Säure. Es gelang, dieses sehr reaktionsfreudige Hydrosulfit als Pulver herzustellen und es damit dem Färber in einem Zustand zu verkaufen, in dem er es aufbewahren kann; denn starke Reduktionsmittel sind naturgemäß äußerst empfindlich gegen Lufteinwirkung, besonders wenn sie feucht werden.

Die Hydrosulfitküpe hat den Vorteil, daß sie sehr einfach zu handhaben ist. Das Verküpen des Indigo kann kaum mißlingen, wenn Vorschriften und Mengenangaben genau beachtet werden. Sie ist sparsam, weil der Indigo vollständig gelöst wird. Sie ist schnell zu machen, man kann öfter hintereinander färben. Sie kann lange aufbewahrt werden und durch vorsichtigen Zusatz von Chemikalien immer wieder in einen brauchbaren Zustand gebracht werden — solange überhaupt noch Indigo in der Küpe ist. So macht man sich die Vorteile moderner Chemie zunutze und zieht die Hydrosulfitküpe der sicher viel interessanteren Gärungsküpe vor.

Bereiten der Hydrosulfitküpe: Der Verküpungsvorgang ist der folgende: Indigosplitter werden in einer Reibschale mit einigen Tropfen Netzmittel (Türkischrotöl, Alkohol oder notfalls Pril) zu Pulver verrieben, in die Stammküpe von 60° C gebracht, vorsichtig untergerührt und 20 Minuten bei 60° C gehalten.

In dieser Zeit findet die Reduktion statt. Das Hydrosulfit entreißt dem Indigo Sauerstoff und führt ihn über in den löslichen farblosen Zustand, die Leukoform. Dabei wird das Hydrosulfit verbraucht. Dieser ganze Prozeß kann aber nur im alkalischen Medium stattfinden, das heißt, man benötigt Natronlauge oder Ammoniak.

Der Ablauf dieses Prozesses ist an der Farbe zu erkennen. Am Anfang schmutzig-dunkelblau, bekommt die Küpe allmählich eine gelbgrüne Farbe. Dann ist der Prozeß beendet. Die Stammküpe als Konzentrat kann jetzt vorsichtig in die vorgeschärfte (mit geringen Mengen von Chemikalien versetzte) Küpe gegossen werden. Es empfiehlt sich, die Stammküpe über ein Tuch zu filtrieren. Die Küpe ist jetzt fertig zum Färben. Legt man Wert auf gleichmäßiges Aufziehen auf den Stoff, ist es sicherer, das Ganze einen Tag stehenzulassen.

Vor jedem weiteren Gebrauch muß die Küpe kontrolliert und eventuell wieder geschärft werden. Das ist nötig, wenn sie unter der Oberfläche dunkel und trübe geworden ist.

Nachschärfen: Als erstes ist die Alkalität zu kontrollieren mit Phenolphthalein-Papier, das im Alkalischen rot wird. Tropfenweise wird Natronlauge oder Ammoniak zur Küpe zugesetzt, bis sich das Papier gerade rötet, dann eine Spatelspitze Hydrosulfit zugeben. Nach einer Viertelstunde muß sich die Küpenfarbe gelblich aufgehellt haben, sonst wird der Vorgang wiederholt.

So ist jede alte Küpe leicht wieder zu regenerieren. Allerdings ist eines zu beachten: Der Grundsatz ''Viel hilft viel'' ist nicht zu empfehlen. Bei der Stammküpe ist das Verhältnis von Indigo/Hydrosulfit/Natronlauge genau berechnet. Darum ist auch die sorgfältige Einwaage mit der Briefwaage nötig. Und dieses chemische Gleichgewicht kann auf die Dauer nur bei vorsichtigen Ergänzungen erhalten bleiben. Zuviel Natronlauge ist unnötig und greift die Seide an, zuviel Hydrosulfit hält den Indigo so stark in Lösung, daß er nicht richtig auf den Stoff zieht.

Mit diesem Verständnis der Zusammenhänge verläßt man sich am besten wieder auf seine Beobachtung. Alle Veränderungen der Küpe sind an der Farbe zu erkennen. Außergewöhnliche Färbereergebnisse bringen einen auf die Zusammenhänge. So wird man sehr schnell den ganzen Vorgang beherrschen lernen.

Das Rezept

1. Stammküpe:

    1 g* Indigo pulverisiert
    0,5 g Türkischrotöl oder ⎱ verreiben
    anderes Netzmittel

    250 g destilliertes oder ⎱ lösen,
    demineralisiertes Wasser ⎰ Indigo
    1,25 g Natronlauge 35% ⎰ hineinschütten
    1,5 g Hydrosulfit

2. Vorgeschärfte Küpe:

    2 l destilliertes Wasser
    1,4 g Natronlauge 35%
    8 g Türkischrotöl oder
    Netzmittel
    0,4 g Hydrosulfit

* Alle Mengen werden nach den zu verküpenden Gramm Indigo umgerechnet. Verküpung in 20 Minuten bei 60° C.

Die fertige Stammküpe wird in die vorgeschärfte Küpe gerührt.

Das Färben: Es wird kalt gefärbt. Der Stoff wird am besten feucht in die Küpe gebracht und gut untergetaucht gehalten. Stoff an der Wasseroberfläche wird an der Luft sehr schnell dunkelblau und fleckig. Luftblasen, die sich in der Küpe unter dem Stoff halten, geben auch Flecken. Ab und zu wird der Stoff vorsichtig unter der Oberfläche bewegt. Nach einer Viertelstunde kann man die Flüssigkeit ausdrücken und den Stoff zum Vergrünen eine Viertelstunde an die Luft hängen oder liegenlassen.
Jetzt entsteht die bleibende Blaufärbung.
Dann wird gespült, gewaschen und getrocknet.

Farbstärke: 1 g Indigo auf einen Liter gibt ein dunkles Mittelblau. Für Nachtblau nehme man das doppelte.
Anschließend kann man noch eine Reihe Färbungen in immer helleren Tönen erreichen bis zur letzten meergrünen Tönung. Baumwolle nimmt stärker an als Seide. So wird man bei fast erschöpfter Küpe immer noch helle Baumwollfarben herausholen können.

Stoffmenge: Mehr als 3 m Stoff sind auf einmal schwer in einem 10 l Eimer (6 l Küpe) zu färben.
Im ganzen kann man aus 10 l Küpe etwa 10 - 12 m Stoff in Abstufungen blau färben.

Einige Möglichkeiten der Anwendung

Es gibt Menschen, die ihre Kleidung individuell gestalten möchten, bis in die Farbe hinein. Pflanzenfarben geben ihnen dazu viele Möglichkeiten.
Wachsbatik und die verschiedensten Reservierungstechniken wurden ursprünglich mit Pflanzenfarben gemacht. Mit einer Beize in der beschriebenen Form ist es möglich, immer wieder und wieder übereinanderzufärben bis zum gewünschten Erfolg.
Die freudigsten Färber sind die Kinder. Da kann mit Stofffleckchen probiert werden, wie die Blumen aus dem Garten färben, Gras, Malventee, Kamillen- und Schafgarbentee, Heidelbeeren, die Gewürze aus der Küche wie Paprika und Curry, die selbstgekochten Birkenblätter und das Heidekraut.
Im Kindergarten werden die Püppchen am meisten geliebt, die aus selbstgefärbten Stoffen auch selber geknüpft sind. Da werden im freudigen Tun unbewußte Beziehungen angeknüpft zur Pflanzenwelt und zur Chemie. Solche Erlebnisse können sich später mit einem Lernstoff zu lebensvollem Wissen verbinden.
Wenn man die Stoffe für die Kinder vorher beizt und die Farbbrühen nicht zu dünn macht (Blüten mit kochendem Wasser übergießen), wird das Ergebnis die Kinder immer befriedigen.
Eine besonders schöne Tätigkeit im Familienkreis ist für Größere das Ostereier-Färben. Durch Aufbinden von Pflanzen, Batiken oder Kratzen kann man schöne Ornamente und Muster gestalten. Schüttet man die Beize in die Farbflotte, gibt es schöne Farben — die auf jeden Fall für die Eier zum Essen den Chemiefarben vorzuziehen sind.

In der Schule ergeben sich vielfältige Möglichkeiten im Handarbeitsunterricht. Rohwolle, selbst gewaschen, gefärbt und weiterverarbeitet — vielleicht sogar mit Pflanzen aus dem Schulgarten — da wird der Sinn für Zusammenhänge geweckt, dessen Fehlen uns das Verständnis für andere Menschen und ihre Arbeit so schwer macht. Da kann auch unmittelbar der Chemieunterricht anknüpfen. Ideal wäre eine Schulwerkstatt, wo die Großen Wolle, Garne, Stoffe für die Handarbeit der Kleinen färben, wo Eurythmieschleier für die Schulbühne und Spieltücher für den Kindergarten gefärbt werden können. Je stärker das Bedürfnis nach pflanzengefärbten Textilien wird, desto mehr sucht man nach Möglichkeiten einer werkstattmäßigen Herstellung in einem sinnvollen Zusammenhang. Im allgemeinen Wirtschaftsleben hat die Pflanzenfärberei keinen Platz. Durch den Arbeitsaufwand werden die Kosten zu hoch.
Die alten Handwerke mit ihrer menschenbildenden Tätigkeit gehören heute in die Pädagogik, in Schulen, in Heime. Ganz besondere Aufgaben haben die heilpädagogischen Heime für Erwachsene. Da wird — neben der Landwirtschaft — die von der Hand her bildende und durch sinnvolle, überschaubare Arbeitsgänge gestaltende Kraft des Handwerks eingesetzt. Vielleicht findet dort die Pflanzenfärberei eine Stätte, die steigender Nachfrage aus hygienischen und therapeutischen Gesichtspunkten gerecht werden kann.
Denn die Einsicht nimmt zu, daß der Impuls Rudolf Steiners, den er gab, als er die Kuppelmalerei im er-

sten Goetheanum unbedingt mit Pflanzenfarben haben wollte — in den ersten Jahrzehnten unseres Jahrhunderts schon "altmodisch" und nicht mehr leicht zu realisieren — für unsere Zeit eine ungeahnte Bedeutung hat. Im Künstlerischen zeigt sich immer mehr, wie das Schaffen aus der Farbe heraus mit Pflanzenfarben in einem ganz anderen Maße möglich ist als mit Chemiefarben. Heute sieht sich schon die Kindergärtnerin nach Möglichkeiten um, bei den ihr anvertrauten Kindern die Sinne zu pflegen und zu beleben, die durch unsere Umwelt immer mehr abgestumpft werden. In vielen Fällen benutzt sie aus diesem Grunde die Pflanzenfarben zur Raumgestaltung. Schulräume werden mit diesen Farben ausgemalt, Therapieräume, Wohnräume.

Durch die Arbeit der Pflanzenfarbenwerkstatt am Goetheanum ist es seit vielen Jahren möglich, Malfarben aus Pflanzen zu kaufen, die sich auch für Wandanstriche eignen.

In den Pflanzenfarben-Räumen taucht allerdings sofort das nächste Problem auf: Textilien mit Chemiefarben stören die Harmonie. So wurde der Versuch gemacht, einen Raum ganz mit Pflanzenfarben zu gestalten. Das soll hier als ein Beispiel geschildert werden.

Beispiel: Ein Kindergartenraum mit Pflanzenfarben gestaltet

Ein Gruppenraum sollte renoviert und neu gestaltet werden. Es handelte sich um einen Nebenraum im Kindergarten der Freien Waldorfschule in Hannover, mit kleineren Fenstern und wenig Sonne. Besondere Gelder, die es ermöglicht hätten, einen Fachmann für den Pflanzenfarbenanstrich zu bitten, waren nicht vorhanden. So wurden nach den Ratschlägen von Günter Meier, Pflanzenfarbenwerkstatt Dornach, zusammen mit den Malern die Wände mit Rotholz und Krapp lasiert. Durch die schwingende Lemniskatenbewegung beim Malen entstanden keine raumorientierten Strukturen. Das Ergebnis war ein helles Pfirsichblüt, dem kleinen und dunklen Raum entsprechend; an der Decke wurde das Weiß gebrochen mit ganz wenig Grün (Mangold), der Komplementärfarbe — im Schatten gerade wahrnehmbar. Die Farben waren so zart, daß sie nicht drückten. Nach zweijährigem Gebrauch des Raumes ist keine Veränderung festzustellen.

Versuche mit Erdfarben: Leimfarbe mit gebranntem Siena getönt ergab ein sehr angenehmes Rosa, nicht so blütenhaft wie Pflanzenfarbe, aber auch nicht so stark und aggressiv wie die üblichen Malerfarben. Sehr schöne Ergebnisse lassen sich auch mit Erdfarben-Lasuren erzielen. Diese Farben bilden nicht die deutlich wahrnehmbare Dissonanz mit pflanzengefärbten Textilien, wie das bei synthetischen Malerfarben der Fall ist. Gegebenenfalls sollte man lieber auf sie zurückgreifen.

Safran

Die Textilien im Kindergartenraum: Die verschiedensten Spiel- und Ständertücher aus Batist wurden nach den angegebenen Rezepten gefärbt mit Krapp, Birkenblättern und Indigo. Sie waren zwei Jahre ständig im Gebrauch, wurden öfter gewaschen. Krapp hat die Farbe sehr gut gehalten. Birkenblätter verblassen zunächst etwas, das Gelb war aber dann beständig. Indigo (hell) verblaßte etwas, muß wahrscheinlich nach mehreren Jahren nachgefärbt werden.

Die Gardinen bestanden aus 8 m Halbleinen 130 cm breit (800 g Stoffgewicht).

Beize: Alaun 2%, 1 Stunde.

Farbflotte: 15 l Krapp 5% (750 g)

Im 25-l-Topf wurde mit kleiner Menge Wasser nach Rezept gekocht. Erst dann auf 15 l aufgefüllt. Bei einem normalen E-Herd sind die Platten nicht stark genug, 15 l Flüssigkeit in einer Stunde zum Sieden zu bringen. Allzulanges Erhitzen ist nicht günstig.

Färben: 1 Stunde immer gerade unter dem Kochpunkt.

Bei dieser Menge von Gardinenstoff ist die Grenze der Hausfärberei mit Töpfen erreicht. Größere Töpfe sind bei normaler Heizstärke nicht sinnvoll. Man kann sie nicht mehr allein tragen. Der Stoff mußte in den 15-l-Topf gepreßt werden und während des Färbens natürlich dauernd stückweise herausgezogen und wieder untergedrückt werden.

Größere Stoffmengen müssen in heizbaren Waschküchenkesseln gefärbt werden, oder man färbt in mehreren Partien unter genau gleichen Bedingungen (jeweils eine neue Flotte) und nimmt kleine Farbunterschiede in Kauf.

Ergebnis: Die Gardinen haben ein helles Altrosa und sind vollkommen gleichmäßig gefärbt. In zwei Jahren am Fenster hat sich die Farbe nicht verändert.

Der Raum wirkt im Zusammenklang von Holz (Fichte), Wand und Textilien sehr harmonisch. Es ist eine Harmonie und kein Gleichklang; denn jedes krappgefärbte Stück hat eine andere Tönung, die sich auch von der Wand deutlich unterscheidet. Aber ganz anders als bei Chemiefarben ist in jeder Tönung die Eigenart der Krapppflanze bemerkbar, und auf natürliche Weise harmonisieren alle Farben miteinander. Dieses Phänomen birgt noch ganz neue Gestaltungsmöglichkeiten in sich. Manchen Besuchern fällt die angenehme Stimmung dieses Raumes auf, ohne daß sie bemerken, woher sie kommt. Anderen fallen sofort die andersartigen Farben auf, und sie fragen danach.

Färberpflanzen für verschiedene Farben

Hier sind nur diejenigen Pflanzen erwähnt, mit denen Versuche gemacht werden konnten, die zu einem befriedigenden Erfolg führten. Bei der Fülle der bekannten Färberpflanzen kann es sich nur um eine kleine Auswahl handeln. Viele weitere Hinweise finden sich in den bekannten Färberbüchern von Hentschel und Spränger.

Gelb   Apfelbaumrinde,
Birkenblätter,
Färberginster,
Färberreseda,
Faulbaumrinde,
Gelbholz,
Heidekraut,
Quercitron,
Safran,
Visetholz,

Curkuma — nicht lichtecht,
Kamala — Farbstoff löslich bei Sodazusatz oder mit Spiritus.

Rot   Krappwurzel,
Rotholz,

Sandelholz (Farbstoff löslich in Alkohol).

Blau   Indigo,
Färberwaid, } Küpe
Blauholz (taubenblau mit Kupferbeize)

Violett   Blauholz (mit Alaunbeize)

Orange   Orleana-Samen (Auskochen mit Sodazusatz),
Überfärben von Gelb mit Krapp.

Braun   Birkenrinde,
Eichenrinde,
Visetholz (konzentriert oder mit Kupferbeize)
Grüne Walnußschalen.

Grau   Galläpfel (beim Färben Zusatz von Eisenvitriol)

Schwarz   Erste Blauholzfärbung. Flotte 1%

Grün   Überfärben von Gelb mit Blau.

Alle Farbdrogen ohne besondere Hinweise lassen sich nach den angegebenen Rezepten verwenden.

Sammelzeiten für verschiedene Pflanzenteile

Es gibt allgemeine Regeln, wann es am günstigsten ist zu sammeln:

Wurzeln: im Herbst

Kraut, ganze Pflanze: vor der Blüte. (Heidekraut kann das ganze Jahr über gesammelt werden).

Blätter: von Johanni bis zum Herbst.

Früchte: Nach der Reife.

Schalen: Walnußschalen sind am ergiebigsten, wenn sie noch grün sind und sofort verwendet werden, ehe sie schwarz anlaufen.

Rinden: Im Frühjahr. Gemeint sind Astrinden mit dem grünen Kambium. Faulbaumrinde soll man wegen eines giftigen Begleitstoffes ein Jahr liegenlassen.

Flechten: Das ganze Jahr.

Wenn man das Glück hat, Menschen zu begegnen, die noch eigene Erfahrungen im Sammeln haben oder über die Traditionen genau Bescheid wissen, kann man von ihnen wertvolle Hinweise über Sammelzeiten für bestimmte Pflanzen bekommen.
In der Nähe menschlicher Siedlungen werden die Pflanzen meist einen schwarzen Belag von Ölruß haben, den man am besten vor dem Trocknen abwäscht, um später die Farbflotten nicht zu verunreinigen.

Trocknen läßt man wie bei Tees am besten ausgebreitet auf Hürden im Schatten. Dickere Pflanzenteile und Wurzeln zerkleinert man vorher. Gut getrocknet und kühl aufbewahrt halten sich die Färberdrogen viele Jahre.

Handelsnamen für Färberdrogen und Hilfsstoffe

Apfelbaumrinde
Birkenblätter — Foliae Betulae
Birkenrinde — Cortex Betulae
Blauholz — Lignum Campechianum
Catechu
Curcuma — Curcumae (Madras oder andere)
Eichenrinde — Cortex Quercus
Färberginster — Genista tinct. Herba
Färberwaid — Isatis tinct.
Faulbaumrinde — Cortex Frangulae
Galläpfel — Gallae nigrae tot.
Gelbholz — Morus tinct., echter Fustik, auch Extrakt
Heidekraut — Herba Ericae (botanisch Calluna vulgaris)
Indigo — Indigo Extrakt, natürlich
Kamala — Kamala pura
Krappwurzel — Radix Rubia tinct. pulv.
Orleana — Semen Orleanae
Quercitron — Quercus tinctoria, auch Extrakt
Rotholz — Lignum Fernambuci, Brasilholz, auch Extrakt
Safran — Crocus pur. pulv.
Sandelholz — Lignum Santali rubri, auch Extrakt
Visetholz — Cotinus coccygia, auch Extrakt

Alaun — Kalium - Aluminium-Sulfat, rein oder DAB.

Alkohol 70%
Eisen (II) sulfat
Hydrosulfit — Natriumdithionit (Merck)
Kupfersulfat
Natronlauge 35%
Phenolphthalein — als Pulver, alkohollöslich, mit dem man Papierstreifen tränkt, oder fertig als Indikatorpapier.
Türkischrotöl — Monopolöl

Bei den Drogen handelt es sich um die internationalen lateinischen Bezeichnungen, bei Chemikalien um die Bezeichnung nach der Genfer Nomenklatur.

Literatur

Lisa Adebahr-Dörel, Kleine Textilkunde, Verlag Handwerk und Technik, Hamburg 1971

Franz Betzhold, Die deutschen Handels- und Gewerbspflanzen, oder Anleitung zur Kultur der wichtigsten Gespinst-, Öl-, Farbe-, Gewürz- und sonstigen Fabrikspflanzen, Verlag Carl Winiker, Brünn 1841

Hans Joachim Conert, Nutzpflanzen in Farben, Otto Maier Verlag, Ravensburg 1967

Hedwig Hauck, Handarbeit und Kunstgewerbe, Angaben von Rudolf Steiner, Verlag Freies Geistesleben, Stuttgart 1969

Kurt Hentschel, Irmgard färbt mit Pflanzenfarben, Alfred Metzner Verlag, Berlin 1942

Ernst Emil Ploss, Ein Buch von alten Farben, Heinz Moos Verlag, München 1967

E. Reichenbach, Über Seidenraupenzucht und Kultur des Maulbeerbaumes in China, Literarisch-artistische Anstalt der J.G. Cotta'schen Buchhandlung 1867

Römpp, Chemielexikon, Franckh'sche Verlagsbuchhandlung, Stuttgart 1966

Karl Aloys Schenzinger, Anilin, Berlin 1938

Hans Schmithals und Friedrich Klemm, Handwerk und Technik vergangener Jahrhunderte, Verlag Ernst Wasmuth, Tübingen 1958

Semper, Textilkunst, München 1878

Werner Christian Simonis, Wolle und Seide, Verlag Freies Geistesleben, Stuttgart o.J. (1973)

Emil Spränger, Färbbuch, Eugen Rentsch Verlag, Stuttgart 1969

Joachim Zahn, Farbige Textilien — nicht nur für reiche Leute, Hefte der Farbenfabriken Bayer AG, Leverkusen.

Arbeitsmaterial aus den Waldorfkindergärten

1 Spielzeug — von Eltern selbstgemacht
Von *Freya Jaffke*. 14., neu bearbeitete Auflage, 104 Seiten mit zahlreichen Zeichnungen.

2 Getreidegerichte — einfach und schmackhaft
Von *Freya Jaffke*. 9. Auflage, 52 Seiten.

3 Färben mit Pflanzen
Textilien selbst gefärbt. Historisches und Rezepte für heute, dargestellt und illustriert von *Renate Jörke*. 5. Auflage, 72 Seiten, kartoniert.

4 Singspiele und Reigen
für altersgemischte Gruppen. Aus dem Waldorfkindergarten Hamburg, zusammengestellt von *Suse König*. 4. Auflage, 56 Seiten.

5 Kleine Märchen und Geschichten
zum Erzählen und für Puppenspiele. 6. Auflage, 55 Seiten.

6 Rhythmen und Reime
Gesammelt bei der Vereinigung der Waldorfkindergärten Stuttgart. 4. Auflage, 64 Seiten.

7 Puppenspiel
Anleitungen für die Einrichtung verschiedener Spielmöglichkeiten und die Herstellung einfacher Figuren. Von *Freya Jaffke*. 2. Auflage, 74 Seiten, kartoniert.

8 Hänschen Apfelkern
Kleine Märchen und Geschichten zum Erzählen und Spielen, gesammelt und bearbeitet von *Bronja Zahlingen*, 56 Seiten mit farbigen Abbildungen, kartoniert.

9 Zwerge
Wie man sie sieht, wie man sie macht, wie man mit ihnen umgeht. Zusammengestellt von *Johanna-Veronika Picht* mit Zeichnungen von *Christiane Lesch*, 56 Seiten, kartoniert.

Verlag Freies Geistesleben